Research on Chinese
Film Law

中国电影法研究

栾姗 / 著

中国法制出版社
CHINA LEGAL PUBLISHING HOUSE

序

电影艺术是独立而独特的。从创意策划到制作发行,电影可以在短时间内制造一个沉浸式的"梦",是集艺术、文化、商品价值于一体的"第七种艺术"。电影艺术的生命周期和传播发行也和其他文艺表现形式大相径庭。因此,即使今天的法律实务界日趋推崇门类齐全的"大娱乐法",本书仍专注于把电影法作为一个独立的领域进行研究。

本书的构思始于2013年我在派拉蒙影业(Paramount Pictures)海外发行法务部工作期间,那时也是中国电影票房突破200亿元[①],一路高歌走向世界的时期。这个构思很快被后来的忙忙碌碌冲淡,搁置了九年。九年间我获得了法学博士学位,开设了美国首都华盛顿哥伦比亚特区中国律师事务所的直营分所,后来回国在某头部律所的中台任职。到30多岁时有幸进入对外经贸大学法学院博士后站,从实务回归了学术,最终于2023年写成这本书。

---

① 参见国家广播电视总局网站,http://www.nrta.gov.cn/art/2014/1/9/art_33_837.html,2023年3月1日访问。

2013年到2022年,中国的电影行业经历了成长和巨变:电影票房有近100亿元的增长,而电影合同、侵权案由的裁判文书则从2013年的4504件上升到了2021年的32500余件。① 由此可见,法律在电影行业中的角色越发重要。因此,本书的各个章节在援引学术文献和提出观点的同时,也有对电影法律实务的思索和对政策的阐述。电影法的魅力在于存在诸多看似学界广泛同意,但深究之下不尽相同的基础定义(这也是研究的困难所在)。本书的第一章用较大篇幅探讨和比较了电影法的基础概念、定义、性质和体系,为读者奠定阅读和研究的"基准线"。第二章对电影法原则和规则进行归纳研究,搭建并丰满电影法的理论框架。我国现行的电影立法虽然起步晚,但在近些年迅速完善,并带有鲜明特点。电影作品及行业、人员的法律、法规、规章及规范性文件在第三章有重点介绍。第四章和第五章则从立法、执法、司法、守法的角度和电影法运行的各个阶段对现行法律和政策进行解析、阐述。第六章则是专注于电影行业的灵魂——"电影人"的一章,实际也是对电影法丰富的非正式渊源,包括行业自治规范和行业习惯做法的致敬。

---

① 参见裁判文书网,https://wenshu.court.gov.cn/,2013年关键词为"电影"的裁判文书为4504件,2021年关键词为"电影"的裁判文书为32514件,2023年3月6日访问。国家电影局:《2022年度全国电影总票房300.67亿元》,载新华网:http://www.news.cn/2023-01/01/c_1129248877.htm,2023年4月24日访问。

这本专著撰写于我在对外经贸大学法学院进行博士后研究期间。对法学研究的热情是动笔的原始动力,而坚持写作的动力源自志同道合的伴侣的激励和启发。因为这本专著,我和我的先生从一起赏影赏花的伴侣,升华为学术路上的眷侣。在撰写期间,他以学者、作家和公安编剧的多重专业视角,给予我无限智慧和良策。

成书之时,感谢给我电影和法律双重启蒙、无条件支持我的父亲和母亲,感谢给我无限关怀、动力和智慧的先生,感谢陪我一起努力很久的女儿。还要特别谢谢我的恩师沈四宝教授和丁丁教授,感谢母校乔治·华盛顿大学法学院、对外经贸大学法学院的恩情和栽培。

栾姗
2023 年春天　青岛

目 录

第一章　电影与电影法概述

第一节　电影及电影法发展概况 / 3
　一、世界电影及电影法发展概况 / 3
　二、中国电影及电影法发展概况 / 8
第二节　电影的定义及其相关基本概念 / 11
　一、电影的定义 / 11
　二、电影的性质及其与法律的关系 / 12
第三节　电影作品、电影产品和电影产业、电影市场 / 20
　一、电影作品 / 20
　二、电影产品 / 22
　三、电影产业 / 26
　四、电影市场 / 34
第四节　电影法的定义、性质与体系 / 38
　一、电影法的定义 / 38
　二、电影法的性质 / 40
　三、电影法的体系 / 41

第二章　电影法的原则与规则

第一节　电影法原则的概念与分类 / 47

一、电影法原则的概念 / 47
　　二、电影法原则的分类 / 48
　第二节　电影法规则的概念与分类 / 49
　　一、电影法规则的概念 / 49
　　二、电影法规则的分类 / 49
　第三节　电影法的原则和规则的区别以及与党的政策的关系 / 51
　　一、电影法的原则和规则的区别 / 51
　　二、电影法的原则、规则与党的政策的关系 / 52
　第四节　电影法的主要原则 / 53
　　一、为人民服务、为社会主义服务原则 / 53
　　二、百花齐放、百家争鸣的方针原则 / 54
　　三、社会效益与经济效益相统一原则 / 56
　　四、国家保障、鼓励创作自由原则 / 58
　第五节　电影法的主要规则 / 59
　　一、强制性规则与任意性规则 / 59
　　二、授权性规则和义务性规则 / 61
　　三、确定性规则和委任性规则 / 61

第三章　电影法的主要渊源

　第一节　电影法渊源的认识 / 65
　第二节　电影法的正式渊源的分类 / 66
　第三节　国内法的主要电影法规范及其相关规定 / 69
　　一、宪法 / 69
　　二、主要的法律 / 72

三、主要的行政法规 / 87
四、主要的部门规章 / 89
五、主要的规范性文件 / 94

第四节 国际法的主要电影法律规范及其相关规定 / 98
一、主要的国际公约 / 98
二、主要的双边条约 / 113

第四章 电影法的制定、执行与适用

第一节 电影法的制定 / 123
一、法律制定的概念 / 123
二、电影法的制定情况 / 124

第二节 电影法的执行 / 129
一、法律执行的概念 / 129
二、电影法的执行情况 / 130

第三节 电影法的适用 / 134
一、法律适用的概念 / 134
二、电影法的适用情况 / 135

第五章 电影法运行的法律机制

第一节 概 论 / 141
第二节 电影创作与摄制阶段运行的法律机制 / 143
一、电影剧本创作的法律机制 / 143
二、制片单位统筹电影项目的法律机制 / 146
三、电影审查的法律机制 / 150

第三节　电影宣发与放映阶段运行的法律机制 / 152
　　一、电影宣传发行的法律机制 / 152
　　二、电影放映的法律机制 / 155
第四节　电影产业支持与保障阶段运行的法律机制 / 158
　　一、电影产品开发和经营的法律机制 / 158
　　二、电影产业的税收优惠的法律机制 / 160
　　三、电影产业土地利用总体规划的法律机制 / 160
　　四、电影产业的金融支持的法律机制 / 161
　　五、电影人才扶持和培养教育的法律机制 / 165

第六章　电影相关的国内团体

第一节　电影相关的国内团体的法律界定 / 171
第二节　国内电影主要团体的基本情况 / 172
　　一、中国电影家协会 / 172
　　二、中国电影制片人协会 / 174
　　三、中国电影发行放映协会 / 175
　　四、中国电影著作权协会 / 177
　　五、中国编剧协会 / 179
　　六、中国电影导演协会 / 180
　　七、中国影视演员协会 / 180

参考书目 / 181

第一章

电影与电影法概述

第一节 电影及电影法发展概况

一、世界电影及电影法发展概况

电影或许已成为世界上流行速度最快、最为吸引眼球的艺术形式了。按照电影界主流观点，电影诞生于1895年，距今已近130年。1895年，出生于法国的路易斯·卢米埃尔和奥古斯塔·卢米埃尔兄弟开启世界电影元年。卢米埃尔兄弟拍摄的世界上的第一部电影名为《工厂大门》，时长仅1分多钟，表现的是当时法国里昂的卢米埃尔工厂放工时的情景。卢米埃尔兄弟先是私下放映，然后收费放映，引起轰动。二人从中发现了商业价值，随即开设了一家剧院来专门放映电影。观众的观影热情高涨，这也让卢米埃尔兄弟对电影的发展进一步展开探索，二人培训了诸多摄影师，并将他们派往各国拍摄电影，自然而然地，电影开始遍地开花，并形成了一项独立的产业，即电影业。

仅仅用了二十年时间，专门的电影制作公司和电影放映公司逐渐增多，专门运营电影院的公司也发展起来，导演和演员等电影从业者进入公众视野，并逐渐被各国文化界接纳，有的甚至享誉全球。电影以其不可替代的传播形式，对社会产生了难以预料的影响力。譬如，原本仅是英国杂耍艺人的查理·卓别林，因为在1914年出演了他的第一部电影《谋生》，而一跃成名，至今仍被世界人民铭记。

电影的法律问题，实际上从1895年电影诞生时就出现了。在卢米埃尔兄弟的电影首映场中，坐着一位花了1法郎电影票价的观众，他是罗培·乌坦剧院的经理乔治·梅里爱。乔治·梅里爱对电影一见钟情，随后就把许多优秀的戏剧演绎成了电影艺术形式，并把当时已经成熟的戏剧艺术系统地应用于电影，因而他也被誉为戏剧电影之父。由此开始，大量根据优秀的戏剧以及小说改编的电影绽放光辉，各种类型的电影迅速出现，仅仅用了十五年时间，也就是在1910年，我们现在所知道的全部电影的类型都已形成，并广为人知。

以现在电影界和法学界人士的见解，当提到戏剧和小说改编成电影时，脑海中首先想到的就是著作权问题。可以说，与电影有关的著作权问题是电影法进入专业人士的第一块开垦地，也可以说电影作品这一概念的出现是源于电影进入著作权法保护领域，这也就是为什么许多法学研究者认为，电影法不过就是著作权法中的一个具体版块。只要研究电影法，就必须承认：因为电影进入著作权法保护的领域，所以电影从此不再是纯粹的商品，或者单纯的艺术，而被赋予了法律属性，成为法律保护的对象。① 1908年为建立著作权国际保护机制而制定的《保护文学和艺术作品的伯尔尼公约》（以下简称《伯尔尼公约》）在柏林进行了修订，在这次修订中，电影正式被列为著作权保护的作品类型，这在当时不啻一项前沿性的突破。《伯尔尼公约》的这次修订对电影作品的法律保护主要体现在第3条和第14条。其中第3条明确提到"电影作品的表演"问题。《伯尔尼公约》作为著作权保护的第一部世界性多边国际条约，实际上也是将电影作为独立的作品予以保护的第一部法律文件，1908年的这次修订可谓是电影法历史上的里程碑事件。

但是，著作权法中涉及电影作品的版块也仅仅是电影法的组成部分之一，或者说电影法中对电影作品本身的保护并不足够，随着电影产业的发展，与电影有关的法律关系越来越多。直到第一次世界大战爆发，战事直接影响了欧洲的电影发展。此时，尚处于青春期的美国西海岸电影产业的投资者抓住了弯道超车的机遇，他们利用资金优势，迅速推动美国电影产业的发展。第一次世界大战结束后不久，美国好莱坞已经盘踞世界电影的霸主地位，并利用电影向外输出美国文化，也逐渐引起了各国的反思。不到五年的时间，美国如

---

① ［法］乔治·萨杜尔：《电影通史（第三卷）》，徐昭吴等译，中国电影出版社1982年版，第65—66页。

何就能凭借资本的力量达到影响全球电影产业至今的水平？我们理性回顾好莱坞的发迹史，发现无论是当时的资金运转还是技术创新，无论是当时的产业政策还是人才引进，法律都发挥着对电影产业保驾护航的重要作用。电影和法律之间互为助力，法律的每一次改进都会促进电影产业良性发展，电影产业的每一次提升都会吸引更多的法律研究者和工作者投入更多的时间和精力。

电影法为世人所知悉，并为所有电影从业者高度重视，始于美国限制影片表现内容的审查性法规。由全美电影制片和发行人协会主席威尔·海斯与耶稣会教士 D. 洛德等人起草这部法律，于 1930 年 3 月 31 日公布，被电影产业的主要资本控制方接纳并交由美国电影制片人和发行人协会（MPPDA），时任协会主席威尔·海斯，因而也被称作《海斯法典》。《海斯法典》对电影规定了 12 条禁令：一是禁止宣传违法的罪行，包括表现违法的罪行，即不准讲授犯罪的方法、使潜在的犯罪分子产生模仿的念头、让犯罪分子显得富于英雄气概和理直气壮。二是禁止过度渲染"性"，出于对婚姻和家庭的神圣性的关注，必须慎重对待三角恋爱，不能使观众对婚姻制度产生反感，包括绝不可把不纯洁的爱情描绘成诱人美丽的，不能成为喜剧或笑剧的题材，绝不可由此唤起观众的情欲或病态的好奇心，绝不可给人以正当的和可接受的印象，总的来说，在表现方法和方式上绝不可细致入微。三是禁止庸俗。四是禁止淫秽。五是禁止渎神。六是禁止服饰裸露，绝不能因情节需要而裸露。七是禁止挑逗性舞蹈，包括暗示或表现性动作的独舞或双人或多人舞，意在挑动观众情欲的舞蹈、摇摆胸部的舞蹈、双腿不动而做过度的躯体动作的舞蹈都是不雅观的和邪恶的。八是禁止丑化宗教和神职人员。九是禁止使用特定外景地，包括某些和性生活或性犯罪有密切的联系的地方。十是禁止伤害民族感情，必须妥善考虑和尊重对待任何民族的正当权利、历史和感情。十一是禁止片名违反良俗，因为一部影片的名字是特定产品的标识，必须遵守相关职业道德规则。十二是禁止拍摄令人厌恶的事物，即使出于情节需要，也不可沦于粗俗，更不能伤害观众的感情。

好莱坞电影的黄金年代，受到了《海斯法典》的约束和影响。1945年威尔·海斯退休，MPPDA改名为美国电影协会（MPAA）。直至1948年5月3日，美国最高法院以1∶7的比例判定美国政府在"合众国诉派拉蒙影业公司案"中胜诉。美国最高法院判定，派拉蒙影业在电影产业中进行的纵向合并违反了美国反垄断法，在五大电影公司对电影制作、发行、放映的垂直垄断被判为违法后，制片和放映被剥离，这一裁决对美国电影产业及其法律都有重大影响，随着社会的发展，

《海斯法典》在 1966 年寿终正寝。

如今,电影的盈利模式已经形成,以投资为目的的电影公司与追求电影艺术的从业者之间开始出现更多的博弈和摩擦,而各国的法律政策制定者也发现其中存在许多需要监督和管理的环节。随着电影制作、发行和放映格局的形成,更多地以个体身份参与电影产业的人遇到了诸多法律风险,政府主管部门、影视公司和电影个人从业者之间形成了越来越多的法律关系。尤其是互联网的出现与普及,数字化时代来临,数字化的电影作品不仅可以被大量地储存在电脑中,还可以刻录和复制到不同的可移动载体,加之日新月异的互联网传输技术的发展,电影可谓唾手可得,甚至只需要几秒钟、动一下指头、不花一分钱就可以看到刚刚上映的高成本电影,这给电影产业的发展带来剧烈挑战和强烈冲击,观影方式的选择已经不仅仅是个人喜好的选择,其中越来越多地触及非法复制、传播和贩卖等法律的界限。

二、中国电影及电影法发展概况

在卢米埃尔兄弟拍摄了世界上第一部电影的十年后,也就是 1905 年,中国的第一部电影诞生。这部电影名为《定军山》,取材于中国古典文学名著《三国演义》的第 70 回和第 71 回,讲的是刘备与曹操之间用兵的故事。该影片由北京丰泰照相馆创办人任庆泰导演，著名京剧演员谭鑫培主演，任庆泰也因此被誉为"中国电影之父"，一代名伶也成为中国第一位电影演员。电影《定军山》在北京丰泰照相馆内拍摄，然后在北京前门大观楼放映，引起巨大轰动。实际上，用我们现在的话语体系和眼光来看，电影《定军山》是用当时最先进的技术讲好了中国的传统故事。

改革开放四十多年来，中国电影蓬勃发展。1978年，文化部（现为文化和旅游部，下同）是当时我国政府电影主管部门，先后下发了10项管理制度。1979年，国务院批转了《文化部、财政部关于改革电影发行放映管理体制的请示报告》，1981年又批准设立了中国电影协会的电影专家"金鸡奖"。1983年4月，中宣部和文化部成立了电影电视体制改革调查研究小组。1986年1月，第六届全国人大常委会第十四次会议决定，将电影系统全建制地由文化部分出，与广播电视部合并，成立国家广播电影电视部。1993年1月，国家广播电影电视部下发了《关于当前深化电影行业体制改革的若干意见》及其《实施细则》（征求意见稿），首先从产业直面的市场改起，打破了国产片由中影公司统购统销的局面，电影票价放开，允许民营资本进入电影制片领域。1994年10月，国家广播电影电视部下发文件批准每年引进10部进口分账影片，要求"基本反映世界优秀文明成果和表现当代电影成就"的影片在国内发行并实行分账上映。

1996年6月19日，国务院颁布《电影管理条例》，中国电影法治破土而出。2001年12月25日，国务院下发第342号令，重新修订颁发了《电影管理条例》。2002年，以新的《电影管理条例》实施为标志，中国电影法治进入了新的发展阶段。2004年，国家广播电影电视总局连续发布了《外商投资电影院暂行规定》、《电影剧本（梗概）立项、电影片审查暂行规定》（现已失效）、《中外合作摄制电影片管理规定》以及《电影制片、发行、放映经营资格准入暂行规定》（现已失效）四部规章，中国电影法体系进一步丰富完善。

2014年5月财政部等七部委联合下发的《关于支持电影发展若干经济政策的通知》、2016年11月第十二届全国人大常委会第二十四次会议审议通过的《电影产业促进法》、2018年12月国家电影局下发的《关于加快电影院建设促进电影市场繁荣发展的意见》、2019年5月中央深化改革委员会第八次会议审议通过的《关于深化影视业综合改革促进我国影视业健康发展的意见》……一系列支持电影发展的法律法规和政策措施密集出台标志着中国电影法治进入新的历史阶段。

2022年10月16日，党的二十大报告的第七部分为"坚持全面依法治国，推进法治中国建设"，第八部分为"推进文化自信自强，铸就社会主义文化新辉煌"。这两部分紧密围绕"法治"和"文化"主题展开论述。2023年2月26日，中共中央办公厅、国务院办公厅印发了《关于加强新时代法学教育和法学理论研究的意见》，该意见以"总结中国特色社会主义法治实践规律，汲取世界法治文明有益成果，推动法学教育和法学理论研究高质量发展"为重要工作原则，要求加快完善法学教育体系，明确指出："适应法治建设新要求，加强立法学、文化法学、教育法学、国家安全法学、区际法学等学科建设。"电影法作为"文化法学"中的重要组成部分已被提到了优化法学学科体系的高度，电影法研究成为当下以及未来一个时期的法学研究与教育的重要任务。

第二节　电影的定义及其相关基本概念

一、电影的定义

《中国大百科全书》（第三版）将电影定义为："以画面和声音为媒介，运用摄录、合成及播放技术，在银幕上运动的时间和空间里创造形象，再现和反映生活，构成独具特点的活动影像与媒介系统。"① 《电影产业促进法》第二条第二款显然对电影的定义进行了产业性的扩展："运用视听技术和艺术手段摄制、以胶片或者数字载体记录、由表达一定内容的有声或者无声的连续画面组成、符合国家规定的技术标准、用于电影院等固定放映场所或者流动放映设备公开放映的作品。"

二、电影的性质及其与法律的关系

（一）电影的艺术性

艺术从来没有一个被各界广泛认可的定义，随着时代变化，人类文明观念也在不断变迁，对艺术的理解和阐释也一直处于变动中。但可以确定的是：艺术从来都是一种社会现象，自然也就是一种社会事物，属于上层建筑中的社会意识形态，艺术以其自身独有的方式能动地认识、探索和塑造世界。古今中外，艺术一词基本上是指各种技术活动。电影的艺术性，来自其本身是科技与艺术相结合的产物，作为一种艺术形式天然的属性。1911 年，意大利电影人乔托·卡努多发表《第七艺术宣言》，第一次宣称电影是一种艺术，即继建筑、音乐、绘画、雕塑、诗歌、舞蹈后人类创造的第七种

---

① 《中国大百科全书》（第三版）网络版：https://www.zgbk.com/，2023 年 4 月 17 日访问。

艺术形式，这也是对电影地位的首次理论主张。艺术具有技术性，其内涵从蕴含知识和特定规则的技术手艺渐变为信仰知觉、凭借灵感的精神世界的审美活动。《电影产业促进法》第四条规定，国家"鼓励创作思想性、艺术性、观赏性相统一的优秀电影"。第三十六条第三项还明确规定国家支持"展现艺术创新成果、促进艺术进步的电影"。电影的艺术性也与摄影技术的发展密不可分。从胶片电影到有声电影，从彩色电影到数字电影，从全媒体时代电影到人机互动电影，同样，电影艺术的每一次发展都有技术飞跃的身影。人类科技一直在推动文化的发展与传播，电影当然也不例外。

《电影产业促进法》第六条规定："国家鼓励电影科技的研发、应用，制定并完善电影技术标准，构建以企业为主体、市场为导向、产学研相结合的电影技术创新体系。"第三十六条第四项还明确规定国家支持"推动科学教育事业发展和科学技术普及的电影"。我们以 5G 技术为例。近几年，5G 技术凭借其容量大、速率高、延时低等优势，成为电影数字化的新动力。具体而言，5G 技术提高了拍摄的便利性，降低了制作成本，通过 5G 网络可以进行无线的连接和现场的传输，既可以实现远程处理、多点控制、设置同步，直接挑战传统的电影制作流程，而且 5G 技术和云计算、人工智能等前沿技术结合，也对 5G 技术产生融合影响。2019 年，工业和信息化部正式颁布 5G 商用牌照,这标志着我国正式进入 5G 商用元年。面对全新的技术更新与产业结合,确定 5G 技术对电影发展必然带来多层次的深远影响,面对技术革命的双刃剑,理性思考电影产业如何借助 5G 技术实现新的提升与飞跃,2020 年的第十届北京国际电影节还特别策划了"5G 时代,电影的发展与变革"主题论坛。当下可预见,5G 网络对电影有关的全链条的网络传输速度的大幅提升,显而易见地带动全球范围内分布式远程跨域的协同制作,全球电影创作新领域、新范式、新渠道也为电影法学研究者带来了新挑战,因为便捷性与跨区性都意味着对传统模式的颠覆,原有电影法治必然也要更新。有学者还提出:"我国电影产业传播领域安全问题频发,这就要求我们必须掌握电影'密钥'及其实现路径,研究区块链、量子通信等新技术增强底层创新,提升电影安全传播中的地位及其效能。更为重要的是,我们要建立完善 5G 时代电影传播安全的治理机制,通过技术创新提升电影传播法律管控,打造开放、平等的电影数据传播环境,捍卫电影传播的数据主权与国家安全,从而维护我国电影产业正常、有序、稳定发展。"[①] 现代社会,安全问题的解决从来都离不开法的作用与功能。

[①] 周合强:《5G 时代电影安全传播的路径、效能与治理》,载《传媒论坛》2021 年第 20 期。

（二）电影的商品性

依照马克思主义的观点，商品是指为交换而生产的劳动产品。换言之，一个东西要成为商品，必须同时具备两个条件：一是用来交换，二是劳动产品。电影也具有一般商品的双重属性，即具有价值和使用价值。在以上特定语境下，价值是凝结在商品中的无差别的人类劳动，即生产商品过程中耗费的人类劳动，这体现了其自然属性，电影的完成当然是凝结着劳动的结晶。使用价值则是能够满足人们需要的某种物品的有用性，这体现了其社会属性，电影之所以能够发展到今天，恰恰是因为能够满足人们的诸多需要。随着全球电影市场的高歌猛进，电影的商品性越发明显。一部电影从购买剧本到融资拍摄，再从后期宣传发行到电影院公映，全流程都可体现出其商品性。近些年，甚至有从事电影行业的人员直言不讳地说电影现在已经成了一种金融产品。我们现在常提到的电影产业和电影市场，实际上也是电影商品性的外延拓展。《电影产业促进法》第四十条第一款至第三款规定："国家鼓励金融机构为从事电影活动以及改善电影基础设施提供融资服务，依法开展与电影有关的知识产权质押融资业务，并通过信贷等方式支持电影产业发展。国家鼓励保险机构依法开发适应电影产业发展需要的保险产品。国家鼓励融资担保机构依法向电影产业提供融资担保，通过再担保、联合担保以及担保与保险相结合等方式分散风险。"

我们下面再以电影票房（总和）和电影票价（个单）来看电影的商品性。电影票房，原指电影院售票处，后引申为影院的放映收益或一部电影的影院放映收益情况。后来逐渐有公司专门统计电影的票房，给出更为明确和直观的数据。[①] 现在通常说的电影票价实质上也是电影价值得以实现的途径，而观影的满足感和体验感则是电影的使用价值的体现。

2016年1月，国家电影局在北京举行了"2016年全国电影市场管理工作会议"，会议专门对于全国电影票房的10%以上都被"偷"问题展开重点讨论。这里既然用了"偷"票房，就可见关涉利益。电影票房是影院、院线与片方、发行方分账的依据，按照业内规则，国产影片的票房收入中，片方按比例收益后，其余部分有一些上缴电影专项资金和营业税，再剩下的都归院线和影院所有。可以看出，电影票房实际上是电影的商品性在流通分配领域的体现。利益驱动下，有的电影院故意低报票房，上缴的电影专项资金就越低，片方所得的票房分账收入也随之越低。而如果电影院私下把甲影片的票房偷换成乙影片，乙影片收益自然就高，乙影片再通过回扣方式把钱分一部分给电影院，甲影片片方的利益就这样被"阴谋"损害了。

---

① 夏衍：《电影艺术词典》，中国电影出版社2005年版，第72页。

2016年11月，第十二届全国人民代表大会常务委员会第二十四次会议通过《电影产业促进法》，该法第五十一条第一款明确规定："电影发行企业、电影院等有制造虚假交易、虚报瞒报销售收入等行为，扰乱电影市场秩序的，由县级以上人民政府电影主管部门责令改正，没收违法所得，处五万元以上五十万元以下的罚款；违法所得五十万元以上的，处违法所得一倍以上五倍以下的罚款。情节严重的，责令停业整顿；情节特别严重的，由原发证机关吊销许可证。"但是根据现在电影票价和票房共同高涨的趋势，上述规定的处罚力度显然不足。而且以行政处罚为主要手段，实际在某种程度上淡化了电影的商品性，至少我们应该考虑未来在以行政处罚为主的基础上，拓展追究相关民事责任乃至刑事责任的可能。

（三）电影的文化性

《电影产业促进法》第三十六条第一款明确规定国家支持"传播中华优秀文化、弘扬社会主义核心价值观的重大题材电影"。我们从改革开放以来电影在我国所属的主管部门便可看出其特定的文化性：从文化部到国家广播电影电视部，再从国家广播电影电视总局到现在的中宣部国家电影局。而且随着互联网对文化传播速度和影响面的推动，各国都越来越重视电影的文化宣传功能。其实，早在1922年，列宁就曾讲过："在所有的艺术中，电影对我们是最重要的。"他重视的就是电影的文化影响力和社会宣传力，其实强调的也是电影的文化性。2013年8月19日至20日，习近平总书记在全国宣传思想工作会议上就明确指出："要精心做好对外宣传工作，创新对外宣传方式，着力打造融通中外的新概念新范畴新表述，讲好中国故事，传播好中国声音。"① 2021年5月31日，中共中央政治局就加强我国国际传播能力建设进行第三十次集体学习，会上强调，讲好中国故事，传播好中国声音，展示真实、立体、全面的中国，是加强我国国际传播能力建设的重要任务。② 要想向全世界讲好中国故事，中国电影就必须走出去，而走出去就意味着我们必须在互联网法治框架内和国际电影市场法治规则中作出崭新阐释。

2021年11月，国家电影局发布《"十四五"中国电影发展规划》，该规划展望到2035年，我国将建成电影强国，为实现大幅提高中国电影在世界电影格局中的话语权和影响力，就必须"以国产影片为主导的电影市场规模全球领先，电影

---

① 《习近平强调：努力把宣传思想工作做得更好》，载中华人民共和国中央人民政府网：http://www.gov.cn/ldhd/2013-08/20/content_2470599.htm，2023年4月6日访问。
② 《习近平主持中共中央政治局第三十次集体学习并讲话》，载中华人民共和国中央人民政府网：http://www.gov.cn/xinwen/2021-06/01/content_5614684.htm，2023年4月6日访问。

产业体系和公共服务体系更加完善"①，电影市场形成并发展到今天，从来离不开法律体系的规范。电影市场相关法律不健全，其发展就会受到阻碍。中国电影如果想要走出去，并加强国际合作，最终成为世界电影强国，就必然还要对国际其他国家和地区电影市场的法律规范有进一步的了解。为贯彻落实"丝绸之路经济带"和"21世纪海上丝绸之路"的倡议，国家新闻出版广电总局于2014年创办以海陆丝绸之路沿线国家为主体的"丝绸之路国际电影节"，其设立宗旨是以电影为纽带，促进丝路沿线各国文化交流与合作，弘扬丝路文化。该电影节从设立到现在，一直关注和紧扣电影市场本身，并举办相关活动，在这些活动版块中也都涉及电影的法律问题：第一届"电影交易市场"活动版块、第二届"电影版权交易"活动版块、第三届"电影市场"活动版块……

由此可见，电影集艺术性、商业性和文化性于一体，这三个性质也都与法律的关系密不可分。同时，电影的性质及其与法律的关系也相应催生了与电影密不可分的三个群体——追求电影艺术的电影专业技术从业者、追求电影商业价值的电影产业经营者和追求电影文化宣传功能的相关国家

---

① 《国家电影局关于印发〈"十四五"中国电影发展规划〉的通知》，载国家电影局网站：https://www.chinafilm.gov.cn/chinafilm/contents/141/3901.shtml，2023年4月7日访问。

机关。其实，对这三个群体的简单划分并不完善，因为一个电影专业技术从业者在追求艺术的同时也可以追求商业价值，一个追求电影商业价值的电影产业经营者也可以对电影艺术本身充满热爱，追求电影文化宣传功能的相关国家机关也当然愿意看到艺术水准更高、市场反响更热烈的电影作品。

综上，电影的三大性质及其各自与法律的关系也直接影响和决定了电影法的定位和框架。而要对电影法进行严谨的定义，我们还需要对电影作品、电影产品和电影产业、电影市场四个概念作出区分，在三者比较中深入思考电影法的内涵与外延。

第三节　电影作品、电影产品和电影产业、电影市场

一、电影作品

《电影产业促进法》第二条第二款明确规定："本法所称电影，是指运用视听技术和艺术手段摄制、以胶片或者数字载体记录、由表达一定内容的有声或者无声的连续画面组成、符合国家规定的技术标准、用于电影院等固定放映场所

或者流动放映设备公开放映的作品。"实际上这条法律规定也是对电影作品的定义。作品是著作权法保护的客体，也是著作权存在的前提与核心，也就是说没有作品就没有著作权法。电影作品是以一定精神和思想表现形式体现出来的通过创作电影的一系列活动产生的劳动成果，其中蕴含着精神劳动成果。《著作权法》第三条明确规定"本法所称的作品，是指文学、艺术和科学领域内具有独创性并能以一定形式表现的智力成果"，并以列举的方式具体明确作品包括：文字作品；口述作品；音乐；戏剧；曲艺；舞蹈；杂技艺术作品；美术、建筑作品；摄影作品；视听作品；工程设计图、产品设计图、地图、示意图等图形作品和模型作品；计算机软件；符合作品特征的其他智力成果。电影作品属于"视听作品"的重要组成部分。

根据《著作权法》第十条规定的以人身权和财产权为核心的著作权，与电影有关的作品权利主要如下：电影发表权，即决定电影作品是否公之于众的权利；电影署名权，即表明电影作品的作者身份，在作品上署名的权利，比如编剧、导演等专业创作人员的署名权；电影修改权，即修改或者授权他人修改电影作品的权利，这也是有的电影存在多个剪辑版本依然受到保护的法律依据；保护电影作品完整权，即保护电影作品不受歪曲、篡改的权利，电影作品的思想性和艺术性必须有完整性表达和表现，任何不经作者同意的歪曲、篡改都是对权利的侵害；电影复制权，即以录像、翻录、翻拍、数字化等方式将电影作品制作一份或者多份的权利，这个权利对于下一步的保护电影发行环节具有重要法律价值；电影发行权，即以出售或者赠与方式向公众提供电影作品的原件或者复制件的权利，这是打击盗版、保护知识产权执法的重要内容；电影出租权，即有偿许可他人临时使用电影作品的原件或者复制件的权利，各大航空公司在航行过程中播放的电影涉及这个权利的使用；电影放映权，即通过放映机、幻灯机等技术设备公开再现电影作品的权利，这个权利的合理使用在教学场合、电影展活动中存在；电影信息网络传播权，即以有线或者无线方式向公众提供，使公众可以在其选定的时间和地点获得电影作品的权利，现在电影在各大网络平台的播出问题已成为电影法重点关注的领域；其他应当由电影作品权利人享有的权利。

二、电影产品

产品是管理学关注的重要概念，是指可以供人们使用和消费，并能满足人们某种需求的东西，包括有形的东西、无形的服务、组织或多个形式的组合。电影产品则是指满足消费者电影文化娱乐需求的各种有形、无形的产品和服务。针对各种行业的所有产出门类作出的国际分类目录《联合国核心产品分类》（CPC）在2004年的修订版本中，将"娱乐、文化和体育服务"放在一起表述，作为"社区、社会和个人服务"中的重要组成部分，电影服务产品也属于这个类别。综合各个研究角度和实践总结，电影产品包括核心产品、附加产品和延伸产品三类。电影核心产品基本上可以等同于电影作品的内容。电影产品的核心价值来自创新性，其故事人物、叙事结构、主旨思想、台词表达、场景设计等都具有原创价值性。

电影附加产品则是依附于电影内容的电影原声碟、电影中插入的广告等。附加产品是"附加"在"核心"上的电影产品。譬如电影《泰坦尼克号》的原声专辑摘得了奥斯卡和金球奖的"最佳音乐"桂冠，打破了电影原声专辑的销售纪录。电影原声音乐是附加在电影内容中的不可分割的一部分。比如在系列电影《碟中谍3》中，主演汤姆·克鲁斯从位于上海的中国银行大楼楼顶飞身跃下，这一幕也把中国银行烙进了观众的脑海中，中国银行的这类广告推广也已经成为电影内容不可分割的附加产品。

电影延伸产品，可以说就是电影衍生品，也就是电影作品上映后才出现的相关产品。电影衍生品实际上是根据电影核心产品衍生出其他形式的文化艺术形式，如改编成话剧、音乐剧、电视剧、游戏、玩偶、主题公园等。譬如《唐人街探案》系列电影上映后,根据电影改编成的网络剧将电影的影响力延伸到了网络平台和更多的受众。再比如,大家耳熟能详的迪士尼乐园里,到处都有根据迪士尼电影设计的各种玩偶和文创产品,迪士尼电影《冰雪奇缘》创造的百亿美元收入中,95.75亿美元来自衍生品销售,占比达到85%,包括服装、水杯、书包在内的一系列衍生品引起一股购买热潮。与此同时,《冰雪奇缘2》还与伊利、周大福等品牌制作联名款产品,在IP开发的道路上走得越来越远。① 电影衍生品并不是对电影简单的"延伸",实际上是一种再次创新性的产品开发,也使其最具有盈利空间。其实,发达国家的电影带来的收入,大部分是电影衍生品,而我国现在主要是靠电影票房。电影衍生品主要分为数字衍生品和实体衍生品两类。前者包括游戏、表情包和网站(如哈利·波特全球网站)等,后者包括玩偶模型、拼图、文具、服装、食品等有形产品。2021年,在北京市通州区开放的北京环球影城主题公园再次将电影衍生品的"吸金力"摆在了中国电影人面前。早在2015年9月,经国务院同意并获得国家发改委的核准批复,中美双方在纽约签署《合资协议》,这也是中国迄今为

---

① 《〈冰雪奇缘〉成最赚钱IP之一 靠"衍生"赚了上百亿》,载《人民网》百家号:https://baijiahao.baidu.com/s?id=1651487481310392609&wfr=spider&for=pc,2023年4月17日访问。

止最大的电影衍生品的国际合作项目，该《合资协议》也成为电影法中对于电影产品研究的经典样本。2016年5月，中国电影衍生品产业联盟宣布成立，该联盟聚焦电影延伸产品领域，在不断拓展电影延伸产品的新领域方面作出努力，现已开始推进虚拟现实（VR）技术和增强现实（AR）技术在电影产品中的创新，其中也涉及技术与电影的融合，更需要厘清法律边界问题。2023年春节档，随着科幻电影《流浪地球2》票房节节升高，同步推出的电影衍生品的众筹项目，原本预期的10万元的电影周边众筹金额直接飙升超1.2亿元，参与该部电影官方衍生品众筹的赛凡科幻空间、52TOYS和徐工集团得到了巨额回报，该部电影衍生品最热门的分别是多功能全地形运输机械狗笨笨、人工智能MOSS和数字生命卡。[①]《流浪地球2》电影衍生品市场的成功，与之前2015年《西游记之大圣归来》在票房上大获成功同时伴随推出的电影衍生品首日销售收入突破1180万元不过才过去了七年时间，由此可见电影衍生品这个"富矿"是多么的庞大，国家电影局适时发布的《"十四五"中国电影发展规划》也明确提出要促进电影衍生品开发及授权。

---

① 《〈流浪地球2〉周边众筹破亿，机器狗笨笨卖疯了》，载《中国新闻周刊》百家号：https://baijiahao.baidu.com/s?id=1757077862448264722&wfr=spider&for=pc，2023年4月17日访问。

三、电影产业

2010 年,《国务院办公厅关于促进电影产业繁荣发展的指导意见》中指出:"电影产业属于科技含量高、附加值高、资源消耗少、环境污染小的文化产业。"产业是指具有共同特性、生产和提供的产品或服务又属于同类的企业集合。产业的目的就是通过生产和提供产品来实现盈利,这也是产业的根本特征。电影产业则是生产和提供电影产品、服务及围绕电影为核心的产品和服务的企业集结。电影产业再次强调和突出了电影的商业性。《电影产业促进法》第五条指出:"国务院应当将电影产业发展纳入国民经济和社会发展规划。县级以上地方人民政府根据当地实际情况将电影产业发展纳入本级国民经济和社会发展规划。国家制定电影及其相关产业政策……"谈及电影产业,就必然要依据法律规定的政府的权限与政策落地。当下,我国各级政府依据《电影产业促进法》,推动电影产业发展,主要涉及六个方面:

一是电影专项资金扶持。成立于 1991 年的国家电影事业发展专项资金管理委员会办公室(以下简称国家电影专资办)由中央宣传部、财政部有关人员组成,其主要职能围绕电影产业的专项管理展开:负责国家电影专项资金的征收、使用与管理;负责全国电影票务相关信息系统的建设、管理工作；监督、协调省级电影专项资金管理工作；利用技术手段实施电影票房市场监督管理，开展电影产业相关业务服务；完成中宣部（国家电影局）和国家电影事业发展专项资金管理委员会交办的其他事项。《电影产业促进法》第三十七条规定："国家引导相关文化产业专项资金、基金加大对电影产业的投入力度。"2015年，财政部、国家新闻出版广电总局制定了《国家电影事业发展专项资金征收使用管理办法》，其中第十六条规定电影专项资金使用范围包括：（一）资助影院建设和设备更新改造，这是国家文化事业基础投资的一部分；（二）资助少数民族语电影译制，这是国家对民族电影的专项资金支持；（三）资助重点制片基地建设发展，这是对电影产业基地的支持；（四）奖励优秀国产影片制作、发行和放映，这是国家对中国文化产业的保护；（五）资助文化特色、艺术创新影片发行和放映，这是对鼓励电影创新和特色性发展的支持；（六）全国电影票务综合信息管理系统建设和维护，这是对电影环节链条的打造；（七）经财政部或省级财政部门批准用于电影事业发展的其他支出，这是开放性规定，有利于未来发展。关于电影专项资金扶持政策，每年都有多种行政规章予以确定和推进，比如2021年国家电影专资办发布《国家电影事业发展专项资金2021年度国产影片海外发行与版权销售奖励项目申报指南》，再比如《财政部关于下达

2022年国家电影事业发展专项资金补助地方资金预算的通知》披露2022年国家电影事业发展专项补助资金预算金额等。

二是农村电影发展资助。作为贯彻落实《中共中央办公厅、国务院办公厅关于进一步加强农村文化建设的意见》（现已失效）的配套政策，2007年广电总局、发展改革委、财政部、文化部出台了《关于做好农村电影工作的意见》（以下简称《意见》）。该《意见》明确要求，按照"企业经营、市场运作、政府买服务"的农村电影改革发展新思路，加强农村电影工作，具体的政策主要包括扶持农村题材影片的创作生产、推进农村电影体制机制改革、推广农村电影数字化放映、扶持农村电影公益性放映。2021年出台的《"十四五"中国电影发展规划》也专门提到了农村电影发展问题。《电影产业促进法》第二十七条规定："国家加大对农村电影放映的扶持力度，由政府出资建立完善农村电影公益放映服务网络，积极引导社会资金投资农村电影放映，不断改善农村地区观看电影条件，统筹保障农村地区群众观看电影需求。县级以上人民政府应当将农村电影公益放映纳入农村公共文化服务体系建设，按照国家有关规定对农村电影公益放映活动给予补贴。从事农村电影公益放映活动的，不得以虚报、冒领等手段骗取农村电影公益放映补贴资金。"

三是税收专门优惠政策。2014年3月，国务院发布《关于加快发展对外文化贸易的意见》,通过对国家重点鼓励的文化产品(包括电影产品)出口实行增值税零税率等措施,扭转核心文化产品和服务贸易逆差状况,其中电影产品和以电影为核心的服务是重要内容之一。2015年10月,财政部、国家税务总局直接下发《关于影视等出口服务适用增值税零税率政策的通知》(现已失效),其目的就是"进一步鼓励服务出口",并将"广播影视节目(作品)的制作和发行服务"列为适用增值税零税率政策的首位对象。《电影产业促进法》第三十八条规定:"国家实施必要的税收优惠政策,促进电影产业发展,具体办法由国务院财税主管部门依照税收法律、行政法规的规定制定。"

四是电影产业基地建设。2022年3月,国家电影局等印发《关于促进影视基地规范健康发展的意见》,开篇提到:"近年来,各地先后投资建设了一批影视基地,对于影视行业提高创作生产水平、完善工业体系、壮大产业实力发挥了重要作用。"并指出规范健康电影产业基地发展过程中,要准确把握影视基地的产业定位,要创新影视基地发展业态和经营模式,合理延伸产业链、提升价值链。比如,浙江横店影视产业实验区是经国家广电总局批准,于2004年4月正式挂牌建立的全国第一个国家级影视产业实验区,也是全国首个集影视创作、拍摄、制作、发行、交易于一体的国家级影视产业实验区。再比如以青岛近些年在电影产业基地园区——青岛东方影都建设中探索出的颇具特色的道路为例：2013年9月22日，青岛东方影都开工建设；2016年还在建设中的青岛东方影都就在美国洛杉矶启动全球招商，与美国9家电影公司签约《环太平洋2》等11部好莱坞大片到青岛东方影都拍摄；2018年4月28日，青岛东方影都正式开业，成为中国首个能为全球电影制片人提供全方位制作服务和极具竞争力补贴政策的影视产业园。青岛东方影都所在地各级政府配套了一系列与电影产业基地发展有关的政策规定，如《青岛西海岸新区促进影视产业发展的若干政策》《青岛西海岸新区促进影视产业发展的若干政策实施细则》《青岛西海岸新区文化艺术领域高层次人才引进和培育办法》《青岛西海岸新区文化艺术领域高层次人才评价认定实施细则》《关于建设灵山湾"人才特区"引领新经济发展的实施意见（试行）》《青岛市推动影视业高质量发展若干政策》《关于推动影视业高质量发展若干政策实施细则》等。

五是优秀电影项目奖励。各级各地政府为了发展电影产业，还分别制定了优秀电影项目的奖励政策，这些政策具有行政法律效力，并取得了良好效果。比如山东省2020年出台的《关于支持鼓励优秀文艺作品创作生产的十项措施（试行）》（以下简称《措施》）。该《措施》将优秀电影作品纳入山东省优秀文艺作品项目库，对入库的电影作品实行开放式动态管理，形成入库、评审、立项、扶持、奖励等全过程闭环管理链条，每年都组织专家对入库电影作品评价审核，符合条件而且具有潜力的便确定为年度孵化项目和重点项目，电影作品一旦成为年度孵化项目便可获得20万元到30万元的支持，一旦成为年度重点项目不仅可以获得资金补助，还可以通过股权投资、购买服务等方式被重点支持。该《措施》还对获得常设全国性文艺奖项的优秀电影作品给予奖励，在注重宣传文化效益的同时也关注电影市场反响，如果是在城市院线票房达到5000万元（含）以上的公映的电影可以一次性获得300万元的项目奖励，院线票房如果达到1亿元（含）以上的电影可以一次性获得500万元的项目奖励。2021年国家电影专资办发布《国家电影事业发展专项资金2021年度国产影片海外发行与版权销售奖励项目申报指南》，由此可见，国家电影专资办不仅提供电影专项资金支持，还对符合条件的电影版权销售项目给予奖励，同时还发挥着国产电影海外推广服务平台的作用。

六是海外推广服务平台。2001年中国开启广播影视"走出去工程"，电影成为重头戏。2004年，中国电影海外推广中心成立，两年后即改制为股份制公司，成为中国电影走向海外宣传推广和销售服务的国家级平台。如今中国已经拥有全球发行平台"中国电影，普天同映"，推动全球33个国家的120座城市的主流院线与国内同步上映；中国国际影视节目展、"全国电影频道联盟"以更多渠道和路径，将中国电影推向世界。① 2009年国家广电总局电影局出台了《国产影片出口奖励暂行办法》（现已失效），首次对符合条件的国产或合作拍摄的出口影片，按照票房收入或合同销售额予以奖励。按照该暂行办法的规定，国家电影主管部门每年对能提供相关证明材料的国产影片给予海外票房2‰的奖励、中国合拍影片给予海外票房1‰的奖励。但这样的支持，与我们海外推广的预期目标和远景规划相比，力度明显不够，甚至作用微乎其微。2016年11月1日，中央全面深化改革领导小组第29次会议审议通过了《关于进一步加强和改进中华文化走出去工作的指导意见》，为电影走出去提供了重要的政策保证。2021年11月，国家电影局发布《"十四五"中国电影发展规划》专门设立"中国电影国际推广专项"，以在国际最大电影节展放中国电影等形式，逐渐树立全球视野，不断创新方式方法，锐意开拓海外市场，提升中国电影的国际影响力。2022年，商务部等27部门发布的《关于推进对外文化贸易高质量发展的意见》指出，要鼓励支持电影的创

---

① 参见杜巧玲：《中国影像：书写国际传播新实践》，载《中国艺术报》2022年7月6日，第3版。

作和出口,加强规范引导,统筹推进文化产业和贸易高质量发展。鼓励影视制作机构开展国际合拍,并由中央宣传部、商务部、广电总局和各地方人民政府按职责分工负责;在电影领域培育一批国际知名品牌,并由中央宣传部、商务部、文化和旅游部、广电总局、外文局和各地方人民政府按职责分工负责。同时,也为激活电影创新动能提出了指引性建议,包括提升电影贸易数字化水平、加强国家电影出口基地建设、鼓励数字电影平台国家化发展、创新发展电影数字内容加工等业务。还着重要求拓展国际合作渠道网络,具体到电影产业,则要健全电影贸易合作机制、拓展电影贸易合作渠道、聚焦电影市场深化合作。而要实现以上目标,对于电影产业就要完善投入机制、创新电影金融服务、落实电影税收政策和提升电影便利化服务水平。2023年1月1日,西安成功举办第九届丝绸之路国际电影节,针对本届电影节"丝路通世界·光影耀长安"的主题,丝路电影资源共享与合作共赢论坛对新时代背景下如何聚焦跨文化交流与融合,如何利用电影创作提升国家文化软实力,如何响应丝路文化市场需求以形成国内制片、发行、放映等资源配套,进行了国际合作创新模式的探求,并研究了合拍电影发展的最新方向。[①]

[①] 李洁、张哲浩、寇桉:《助力丝路沿线国家电影合作发展——第九届丝绸之路国际电影节落幕》,载《光明日报》2023年1月5日,第8版。

四、电影市场

《电影产业促进法》第五条先提到了政府对电影产业的规划作用，紧接着又指出："……引导形成统一开放、公平竞争的电影市场，促进电影市场繁荣发展。"2018年国家电影局下发的《关于加快电影院建设促进电影市场繁荣发展的意见》中指出中国的电影市场保持快速增长，并以电影票房、电影银屏数量和观影人次来例证中国电影市场的繁荣发展。2022年，商务部等27部门发布的《关于推进对外文化贸易高质量发展的意见》也为电影市场的发展进行了指引：培育壮大电影市场主体，加强电影国家化品牌建设，发挥电影平台载体赋能作用，扩大电影领域对外投资。市场本质上是商品和服务的价格确立的过程，市场促进贸易并最终促成社会中的资源调配，市场允许对任何可交易项目进行评估和定价。市场可能因所销售的产品及其服务或劳动力和资本因素差异而存在不同，具体而言，可以影响市场的重要因素主要包括：流通中的产品的差异化、交换所在地域、针对消费者的需求性、持续时间、销售流程、政府监管与服务、税收政策、各类专项补贴、最低劳动力工资、价格浮动上下限、交易合法合规性、要素流动性、投机意图的强弱与规模、要素的集中度等。广义的电影市场是指电影产业链条上所有参与者之间进行商品交换的地方，狭义的电影市场实际上就是电影制片方、发行方与消费者进行商品交换的地方，而我们通常意义上提到的电影市场是指狭义的电影市场。比如，第二十五届上海国际电影节官网提到："本届电影节市场活动主要包括推介会、产业沙龙和市场放映，各板块间相互连通，为参会电影项目提供全程服务。市场活动面向全球买家、电影项目方、摄制服务机构及IP版权方等各类来宾，旨在充分发挥电影市场作为优质平台的潜力和影响力，为中国电影人与全球电影产业资源的合作牵线搭桥。"

2022年，《中国电影报道》特别策划"中国电影这十年"系列报道，聚焦电影市场："在2012—2021年中，我国电影总票房累计高达4070.9亿元，城市院线总观影人次累计约113.2亿。2020年、2021年，中国电影全年总票房连续两年稳居全球电影市场第一。十年间，国产电影票房占市场份额比重整体稳步向前，从2013年开始超过50%，到2021年时国产电影票房占市场份额比重最高已达84.49%。"[①] 由此可见，电影市场的发展程度最直观的指标是总票房、观影人数、票房排名、市场份额等。电影市场当然也不是只有冷冰

---

① 《电影票房节节攀升 电影市场和产业体系更加健全》，载《中国青年网》百家号：https://baijiahao.baidu.com/s?id=1746987622542476768&wfr=spider&for=pc，2023年4月17日访问。

冰的数字,尤其是电影市场中的核心——电影,作为艺术诞生至今,其内涵性和思想性都是不可或缺的。21世纪以来,中国电影观众的欣赏品位提升较快,审美品位也逐步上升,这就意味着对电影的选择更加挑剔,在电影市场里的消费心理日趋成熟,当电影市场里可供消费的内容不丰富或不能够满足消费者的需求时,那么我们即使有十几亿人口的庞大市场和一万多家电影院的运营也无法调动人们观影的意愿,自然无法提高电影市场收益。

2023年2月,中国外文局下属的当代中国与世界研究院在第十二届中国数字出版博览会上发布《中国数字文化出海年度研究报告（2022年）》。报告显示,我国数字文化产业优势进一步放大,其中不乏积累了大量资金、技术、产品的电影市场主体积极向国际市场进发,腾讯、阿里、字节跳动等头部互联网企业纷纷开展国际并购,将国内成功的商业模式复制到海外,分享全球在线文化产业红利,电影市场国际化水平加快。[①] 电影产品一旦产业化,就往往不会只满足于国内的电影市场,加之文化本身的交流需要,就会把电影产品发展为国际贸易市场中的因素。这里涉及从电影作品到产

---

① 《中国数字文化出海多动能足》,载中国服务贸易指南网: http://tradeinservices.mofcom.gov.cn/article/wenhua/rediangz/202302/146160.html, 2023年4月6日访问。

品再到产业最终形成完整的市场,即包括国内电影市场和国际电影市场两个部分。电影产品贸易因而也就成为国际贸易中的一种特殊类型,其特殊性便是其与知识产权有关的电影产品和文化服务的贸易活动。或者说,我们也可以将电影产品等的国家化视为世界各国之间进行的以货币为媒介的电影产品交换活动。按照 WTO 组织的统计和信息系统(SISD)中的《服务贸易总协议》(GNS/W/120)的划分,服务部门总计分为十一个大类 142 个服务项目。其中第十大类为:娱乐、文化与体育服务,包括娱乐服务(含剧场、乐队与杂技表演等);新闻机构;图书馆、档案馆、博物馆及其他文化服务、体育及其他娱乐服务。此外还包括第二大类"通信服务"中的 D 类别中的视听服务,如电影与录像带的生产与批发,电影放映等。根据 2008 年 11 月通过的国际货币基金组织(IMF)修订的《国际收支和国际投资头寸手册》,将国际文化产品贸易界定为居民与非居民之间的关于个人、文化和娱乐服务交易。由此看来,与电影法有关的概念更加丰富,而电影法体系也因之变得更加复杂。

第四节　电影法的定义、性质与体系

一、电影法的定义

我们前面提到，电影因为进入著作权法的视野才开始被法律研究者和从业者关注，所以我们承认著作权法对电影法具有无可替代的深远作用和重大价值。1908年《伯尔尼公约》柏林文本开保护电影作品之先河。其中第十四条第二款规定："在电影制作中，作者如果通过对表演方式编排或所表现事件的组合付出了个人和原创性劳动，那么该电影制作应当作为文学或艺术作品予以保护。"但是，《伯尔尼公约》柏林文本甚至对什么是电影作品都没有进行定义。

这里还必须厘清两个概念：电影作品和视听作品。《著作权法》第三条规定："本法所称的作品，是指文学、艺术和科学领域内具有独创性并能以一定形式表现的智力成果"，第六项是"视听作品"。现行《著作权法》将之前的"电影作品和以类似摄制电影的方法创作的作品"修改为"视听作品"，是首次提出"视听作品"的概念，但未对"其他视听作品"这一概念作进一步解释。根据《电影产业促进法》对电影的定义，我们前文已经把电影作品定义为以一定精神和思想表现形式体现出来的通过创作电影的一系列活动产生的劳动成果，其中蕴含着精神劳动成果。从电影作品发展到视听作品，实际上是著作权法律制度顺应相关的科学技术发展的直接体现。

纵观各国立法发展，我们可以发现"视听作品"概念的出现与引进从来不是为了取代"电影作品"，而是为了解决《伯尔尼公约》所言的"以类似摄制电影方法表现的作品"这类不好归类又不能不归类的情况。但是我们明白"类似摄制电影方法表现的作品"并非电影作品，二者不能等同，所以在本书中直接使用电影作品的概念，而不使用视听作品这个概念，以免对读者的理解产生混淆。

电影法是由国家制定或认可的调整电影作品而产生的社会关系的法律规范的总和，调整电影作品的国家、创作者、经营者以及社会公众之间的利益关系。电影是电影法的核心，电影法是确认和保护与电影有关的权利的法律规范，也是调整电影作品、电影产品、电影产业和电影市场的基本规则。也有研究者认为中国所谓电影法实际上就是《电影产业促进法》的另外一种简称，并认为《电影产业促进法》是电影法的基本法，所以就直接将两个概念等同，对于这个观点笔者持保留意见，因为《电影产业促进法》的确是中国电影法的非常重要的内容,但是电影法不仅仅限于与电影产业有关的法律。

笔者认为,为了方便归类与分析,可以说电影作品主要涉及的法律规范大概属于著作权法,电影产品主要涉及的法律规范大多属于民商事法,电影产业涉及法律规范最多的集中于各级行政法规,而电影市场涉及的法律最为复杂,几乎与前三者涉及的法律规范皆有关联,从这个意义上来说,广义的电影市场将包含电影作品、产品、产业和市场在内。

二、电影法的性质

2023年2月26日,中共中央办公厅、国务院办公厅印发了《关于加强新时代法学教育和法学理论研究的意见》,进一步明确指出"适应法治建设新要求,加强立法学、文化法学、教育法学、国家安全法学、区际法学等学科建设",本书研究的电影法作为一门学科,应隶属于其中的"文化法学"。

"学科"一词译自英文的 discipline,而根据《牛津大词典》(第一卷)的解释来看,discipline 的词义本身具有多重含义,综合来看,解读学科的维度一般有三个:一是从创造知识和科学研究的维度来看,学科是一种学术的分类,指一定科学领域或一门科学的支系,具有相对独立的体系建构;二是从知识传播和教育教学的维度来看,学科可以定位为教育教学的具体科目；三是从高等学府和科研机构承担专门教学科研的人员的维度来看，学科是以学术为核心的组织，也就是从事科学研究的专设机构。

2021年1月，国务院对深化新时代高等教育学科专业体系改革作出系统部署，2022年，教育部更新了《学位授予和人才培养学科目录》，印发了《学位授予和人才培养学科目录设置与管理办法》。我国现行学科门类为哲学、经济学、法学、教育学、文学、历史学、理学、工学、农学、医学、军事学、管理学、艺术学、交叉学科总计14个，法学门类下设立了法学、政治学、社会学、民族学、马克思主义理论、公安学6个一级学科，其中法学一级学科下又设立了二级学科，分别是法学理论、法律史、宪法学与行政法学、刑法学、民商法学、诉讼法学、经济法学、环境与资源保护法学、国际法学与军事法学。按照《关于加强新时代法学教育和法学理论研究的意见》的表述顺序，结合电影法学和文化法学的隶属关系，电影法学可定位在法学三级学科。

三、电影法的体系

电影法具有明显的实用主义特点，但也绝非没有理论逻辑和组成系统。有学者将电影法与广播电视法、音乐法、文艺演出法、网络视听法、电子游戏法、体育法并列，认为这七个部分共同组成了娱乐法,指出:"每部分内容也大致按照该具体领域的产业逻辑和产业规律来安排其体系,即基本涉及主体、流程、合同、著作权保护、行政管理等内容,这便是各具体领域的法律得以展开的内在逻辑线索",并认为《电影产业促进法》对于我国电影法的体系建构具有重要参考价值,即"电影法应当按照务实的产业的规律、产业的逻辑来安排其内容体系"。① 以上观点具有值得借鉴的思路,因而电影法的体系应该按照电影作品的现实发展逻辑予以设置,必须包括如下内容:

一是电影法的主体权利与义务的规则包括:与电影相关的国家机关的法律规则,导演、编剧、演员、摄影师、录音师、剪接师、美术师、道具师、布景师、灯光师、造型师等电影专业技术从业者的规则,电影投资、制作、宣发、放映、金融、经纪、法务等电影产业运行从业者的规则,以及中国电影家协会、中国电影导演协会、中国影视演员协会、中国青年导演协会、中国电影制片人协会、中国编剧协会、中国电影发行放映协会、中国电影著作权行业协会等电影行业团体组织的规则。

二是电影产业运行的相关法律规则,包括电影筹备的相关法律规则,电影摄制的相关法律规则,电影审查的相关法

---

① 刘承题:《娱乐法导论》,中国政法大学出版社 2021 年版,第 12 页。

律规则，电影发行的相关法律规则，电影放映的相关法律规则，电影衍生的相关法律规则，电影参展的相关法律规则。

三是电影人才培养，包括电影法人才培养。《电影产业促进法》第四十二条规定："国家实施电影人才扶持计划。国家支持有条件的高等学校、中等职业学校和其他教育机构、培训机构等开设与电影相关的专业和课程，采取多种方式培养适应电影产业发展需要的人才。国家鼓励从事电影活动的法人和其他组织参与学校相关人才培养。"2020年8月，国家电影局、中国科协联合下发《关于促进科幻电影发展的若干意见》，明确提出要在人才培养方面，推动文化名家暨"四个一批"人才、宣传思想文化青年英才、中国青年电影导演扶持计划、中国电影新力量论坛等，向科幻电影人才倾斜。2023年2月，中共中央办公厅、国务院办公厅印发《关于加强新时代法学教育和法学理论研究的意见》，其中提到了要加强文化法学的学科建设，以适应法治建设新要求。而一个不懂电影的文化法学研究者也很难理解文艺的基本规律，也无法将电影和法学交叉综合研究。

第二章

电影法的原则与规则

第一节　电影法原则的概念与分类

一、电影法原则的概念

原则即经过长期经验总结所得出的合理化的现象成为行事所依据的准则。法律原则是指能够作为法律规则基础或本源的原理或准则，法律原则是法律诉讼、法律程序和法律裁决的确认规范。[1] 电影法的原则也必须是能够作为与电影有关的法律规则基础的准则，必须是对电影作品、电影产品、电影产业和电影市场的法律诉讼、法律程序和法律裁决具有确认作用的规范。

电影法的原则本身必须具有一般性和稳定性。一般性是指从与电影有关的社会生活和社会关系中概括出来的，体现电影法的核心精神，实际上是电影法确立的规则的深化与提炼。稳定性则是指电影法的原则要体现与其相关的根本价值追求和发展的终极目标。

---

[1] 高其才：《法理学》（第4版），清华大学出版社2021年版，第49页。

二、电影法原则的分类

依据产生的依据不同可将电影法的原则分为政策性原则和常理性原则。政策性原则是指国家和其他政治组织或群体为了达到某一目的或目标，或实现某一历史时期某一阶段的任务而制定的方针策略，电影法的政策性原则即围绕电影文化发展而设定的实现目标的方略。常理性原则是从复杂的社会关系的深层次本质中产生出来并且得到社会长期而广泛公认的准则与公理，电影法的常理性原则即从与电影有关的社会活动关系的本源中提炼出来的被大众普遍接受的公理。

根据适用的法律层次不同可将电影法的原则分为根本性原则与具体性原则。根本性原则是指体现法律的本质和根本价值的原则，其反映的是法律最根源的精神，因而是整个法律的出发点。电影法的根本性原则即体现电影法的本质内涵和价值追求的原则，是电影法的原始起点。具体性原则是指体现某一时期或方面的特定法律领域的原则，其反映的是这个具体领域的出发点，也是根本性原则在某个方面的具体化，电影法的具体性原则即体现电影法某个具体领域的原则。

根据所涉问题性质的不同可将电影法的原则分为实体性原则和程序性原则。实体性原则是指涉及实体性权利和义务的原则，电影法的实体性原则便是涉及电影的实际的权利义务和原则。程序性原则是指涉及程序性问题的原则，其表现就是涉及诉讼等规定的原则，电影法的程序性原则即指涉及电影法运行的程序性问题的原则。

第二节　电影法规则的概念与分类

一、电影法规则的概念

规则有技术规则和社会规则之分，具体到电影法的规则是指由国家制定或认可，由国家强制力保证实施，而且是以电影为核心而引发的权利义务为中心内容的行为规则。电影法的规则既具体规定了以电影为核心引发的权利与义务，同时还提供了相关具体法律后果的准则。

电影法的规则具有适用的普遍性和操作的实用性。适用的普遍性是指电影法的规则规定了调整对象的行为方式，可以重复多次适用。操作的实用性是指电影法的规则具体可用。

二、电影法规则的分类

依据表现形式不同可将电影法的规则分为强制性规则和任意性规则。强制性规则是指规定的行为义务明确而稳定，不能凭主观变动的法律规则。电影法强制性规则即指规定的电影行为人的义务确定不得改变的法律规则。任意性规则是指规定一定的范围内行为人可以自行确定其权利的具体内容和方式的法律规则。电影法的任意性规则即指在允许的范围内电影行为人可以自主选择其权利的内容和方式的法律规则。

按照规则内容的规定不同可将电影法的规则分为授权性规则和义务性规则。授权性规则是指规定行为主体可以作出某种行为的法律规则，具体法条中的语言表达常常用"可以……""有权……"等。电影法授权性规则是指规定电影行为人可以自行作出某种决定的法律规则。义务性规则是指规定行为主体必须作出某种行为或禁止作出某种行为的法律规则，具体法条中的语言表达常用"必须……""不得……""禁止……"等。电影法的义务性规则是指规定电影行为人必须作出或不得作出某种行为的法律规则。

根据规则内容的确定程度不同可将电影法的规则分为确定性规则和委任性规则。确定性规则是指内容固定已明确，无须再援引或参照其他规范来确定的法律规则。委任性规则即指与电影有关的法律规范内容是概括性的，还要再引用或参照其他法律规范加以确定的法律规则。

第三节　电影法的原则和规则的区别以及与党的政策的关系

一、电影法的原则和规则的区别

一是从具体内容来看，电影法原则具有抽象性，其出发点是电影有关的主体行为的个别性。与之相比，电影法的规则的规定是具体可操作的，其出发点是电影有关的主体行为的共性，目标是防止法律适用的随意性。

二是从适用范围来看，电影法的原则对电影有关的主体都有适用性，是电影法整个体系中均适用的价值标准。与之相比，电影法的规则内容具体，这种明确性决定了其只适用于某一种法律行为。

三是从适用方法来看，电影法的原则之间在面对具体案件时存在差异乃至冲突。与之相比，电影法的规则一旦确立，便可举一反三，推广应用于所有这类案件中。适用方法的区别在法官裁判时表现得尤为明显，法官对电影法原则的适用具有较大弹性空间，而对电影法规则的适用则具有很小的自由裁量权。

二、电影法的原则、规则与党的政策的关系

从一般意义上讲,法律与政策是辩证统一的关系。所谓统一,是指国家法律和执政党的政策之间没有本质上的矛盾,它们作为上层建筑的组成部分均建立在一定的经济基础之上;它们的制定和实施,既体现了国家意志,也是统治阶级和执政党的意志的反映。在社会调整的整个系统中,它们作为独特的社会调整手段,均承担着各自的职能,发挥着各自不可替代的作用。同时,它们之间又相互依存、相互配合、相互作用。[①]

具体到中国,党的政策对法律的作用也有明确的界定。2014年10月23日,中国共产党第十八届中央委员会第四次全体会议通过的《中共中央关于全面推进依法治国若干重大问题的决定》中明确指出:"党的领导是中国特色社会主义最本质的特征,是社会主义法治最根本的保证。把党的领导贯彻到依法治国全过程和各方面,是我国社会主义法治建设的一条基本经验。"也就是说在我国,党的政策对法律具有指导作用和保障作用,这也决定了我国电影法的原则和规则也必然与党的政策保持一致。

---

① 高其才:《法理学》(第4版),清华大学出版社2021年版,第428页。

第四节　电影法的主要原则

一、为人民服务、为社会主义服务原则

《电影产业促进法》第一条指出制定该部法律的根本目的包括"弘扬社会主义核心价值观，规范电影市场秩序，丰富人民群众精神文化生活"。毛泽东同志于1944年9月8日在张思德同志追悼会上的演讲稿中提出了"为人民服务"的思想，并于1945年4月24日在中国共产党第七次全国代表大会上所作的政治报告《论联合政府》中再次强调："紧紧地和中国人民站在一起，全心全意地为中国人民服务。"如今，为人民服务、为社会主义服务的观念已成为对中国共产党立党宗旨的高度概括，也成为各行业职业精神动力和衡量标准。

电影法是中国电影艺术和中国特色法治的融合，为人民服务、为社会主义服务原则必然贯彻始终。2021年12月14日，习近平总书记在中国文联十一大、中国作协十大开幕式上的讲话中指出："源于人民、为了人民、属于人民，是社会主义文艺的根本立场，也是社会主义文艺繁荣发展的动力所

在。广大文艺工作者要坚持以人民为中心的创作导向……"①讲话中还引用了唐代文学家韩愈的门生李汉在《〈昌黎先生集〉序》中的一句话:"文者,贯道之器也。"这句话的内涵被宋代的理学家周敦颐发展完善成"文以载道"的文艺创作的理论观点。为人民服务、为社会主义服务的理念在电影界被普遍认可和接受,2022年举办的第十二届北京国际电影节,评委会主席李雪健直陈"北京国际电影节的价值,就是为了让电影更好地为人民服务,让电影更能为祖国和民族的强大服务"②,这个理念在电影法中也得到了贯彻与坚守。

二、百花齐放、百家争鸣的方针原则

《宪法》第十九条第一款规定:"国家发展社会主义的教育事业,提高全国人民的科学文化水平。"这实际上是"双百方针"在根本大法中的体现。"双百方针"即指百花齐放、百家争鸣,是发展我国科学文化事业的正确的马克思主义的基本方针,是对艺术的不同流派及风格自由发展的形象比喻,也同样适用于电影艺术。1956年4月28日,毛泽东在中共

---

① 《习近平:在中国文联十一大、中国作协十大开幕式上的讲话》,载人民网:http://politics.people.com.cn/n1/2021/1214/c1024-32308057.html,2023年5月9日访问。

② 李雪健:《让电影更好地为人民服务》,载《环球》杂志:http://www.news.cn/globe/2022-08/24/c_1310654723.htm,2023年3月20日访问。

中央政治局扩大会议上提出：百花齐放、百家争鸣，应该成为我国发展科学、繁荣文学艺术的方针。"百花齐放、百家争鸣"不仅是中国共产党领导文学艺术的基本方针，也是党领导科学研究工作的基本方针。至今仍具有深远的指导意义。① 例如，创办于 1962 年的大众电影百花奖是中国电影界的观众奖，由中国电影家协会和中国文学艺术界联合会联合主办，与中国电影金鸡奖、中国电影华表奖并称中国电影三大奖。百花奖之所以用"百花"命名就是为了直接体现"百花齐放、百家争鸣"的文艺方针，因为该奖主要反映了广大观众对电影的评价和喜好，因而也被称为"群众奖"。

2014 年 10 月 15 日，习近平总书记主持召开文艺工作座谈会并发表讲话强调："要坚持百花齐放、百家争鸣的方针，发扬学术民主、艺术民主，营造积极健康、宽松和谐的氛围，提倡不同观点和学派充分讨论，提倡体裁、题材、形式、手段充分发展，推动观念、内容、风格、流派切磋互鉴。"2016 年 5 月 17 日，习近平总书记在哲学社会科学工作座谈会上的讲话中进一步指出："百花齐放、百家争鸣，是繁荣发展我国哲学社会科学的重要方针。要提倡理论创新和知识创新，鼓励大胆探索，开展平等、健康、活泼和充分说理的

---

① 《毛泽东提出"百花齐放""百家争鸣"方针》，载中国共产党新闻网：http：//cpc.people.com.cn/GB/33837/2534760.html，2023 年 4 月 16 日访问。

学术争鸣,活跃学术空气。要坚持和发扬学术民主,尊重差异,包容多样,提倡不同学术观点、不同风格学派相互切磋、平等讨论。"① 无论是从电影本身的艺术创作的特性而言,还是从法学研究的特点出发,百花齐放、百家争鸣都是基本原则,这也直接体现在《电影产业促进法》第四条的规定中。

三、社会效益与经济效益相统一原则

效益是某种个体或群体在活动时意图产生的有益效果及其想要达到的程度,是效果和利益的总称。在政治法律语境下,效益可分为社会效益和经济效益两类。其中,社会效益是指利用有限的资源来满足社会中人们日益增长的物质文化需求,经济效益是指商品和劳动力通过交换以期用最少的劳动成本取得尽可能多的经营成果。党的十九届四中全会通过的《中共中央关于坚持和完善中国特色社会主义制度、推进国家治理体系和治理能力现代化若干重大问题的决定》指出,建立健全把社会效益放在首位、社会效益和经济效益相统一的文化创作生产体制机制。这是使文化产品的价值最大化,并达到"满足公众精神文化需求""实现文化传承、创

---

① 《习近平:在哲学社会科学工作座谈会上的讲话》,载人民网:http://politics.people.com.cn/n1/2016/0518/c1024-28361421-4.html,2023年5月8日访问。

新和交流"目标的基本要求。作为中国特色社会主义文化制度的法律保障,我国文化领域的立法及其完善也应当以坚持社会效益和经济效益相统一为原则,围绕规范、引导和促进文化生产而展开。①

社会效益与经济效益相统一原则是适用于以电影为核心的实践领域的重要原则,因而电影法的发展与建设,对包括提高电影领域立法的合理性、增强电影领域执法的有效性均有重大价值。在电影法体系建构中,一方面要遵循电影艺术本身的创作规律与内涵,同时也必须积极回应和符合建设中国特色社会主义法治体系的总体要求,将社会效益与经济效益相统一的理念融入电影创作者、电影消费者和电影管理者三者关系的法律调整当中。电影法的生命力在于得到实施,电影法的权威也在于得到实施。电影法实施的目的是实现电影法的规范内容,将电影法规范的要求转化为电影法律主体的行为。坚持社会效益和经济效益相统一,推动电影法实施要在电影活动主体的行为中落实电影法规范的要求,这就必然要充分发挥电影法管理和发展的社会功能,使法律保障社会效益与经济效益相统一。

---

① 齐崇文:《文化领域立法要坚持社会效益和经济效益相统一》,载《学习时报》2020年9月2日,第2版。

四、国家保障、鼓励创作自由原则

《宪法》第四十七条明确规定："中华人民共和国公民有进行科学研究、文学艺术创作和其他文化活动的自由。国家对于从事教育、科学、技术、文学、艺术和其他文化事业的公民的有益于人民的创造性工作，给以鼓励和帮助。"电影是重要的文艺创作范畴，电影创作者应当得到国家的鼓励和帮助。2021年国务院发布的《国家人权行动计划（2021—2025年）》第一部分"经济、社会和文化权利"中的"文化权利"便包含了对电影创作的支持与推动，具体体现在以下三个方面：一是健全包括电影院、影视城在内的各级各类公共文化服务基础设施；二是统筹推进包括电影作品在内的公共文化数字化重点工程；三是建设推进包括电影产业在内的文化业态创新，发展创意文化产业。由此可见，国家保障、鼓励创作自由既是对公民宪法权利的实现要求，也是中国人权发展中的文化权利的实现要求。

同时，我们也必须意识到，国家支持的是"创作"也就是创造和原创。没有电影作品，就没有电影产品，也就没有电影产业，更谈不上电影市场。因此，电影法围绕的核心就是电影作品本身，因而保障和鼓励电影作品创作才是核心。创新是电影的生命力所在。《电影产业促进法》第四条也明确"尊重和保障电影创作自由"。随着中国电影创作的多样化，在许多电影创作的细分领域也逐渐得到了更多的关注与鼓励。比如，2020年8月，国家电影局、中国科协联合下发《关于促进科幻电影发展的若干意见》明确提出要从创新源头抓起，把创作优秀电影作为中心环节。

第五节　电影法的主要规则

一、强制性规则与任意性规则

强制性规则，顾名思义是指规定的义务与责任具有确定性，这种确定性是刚性的，不存在弹性空间。例如《电影产业促进法》第二条指出："通过互联网、电信网、广播电视网等信息网络传播电影的，还应当遵守互联网、电信网、广播电视网等信息网络管理的法律、行政法规的规定。"这里的"应该"一词体现出了刚性要求。再如第十四条提到国际合作摄制电影时，"不得与从事损害我国国家尊严、荣誉和利益，危害社会稳定，伤害民族感情等活动的境外组织合作，也不得聘用有上述行为的个人参加电影摄制"。这里的"不得"一词也明显具有不可逾越的确定性。第十六条强制规定了电影不得含有的内容：一是违反宪法确定的基本原则，煽动抗拒或者破坏宪法、法律、行政法规实施；二是危害国家统一、主权和领土完整，泄露国家秘密，危害国家安全，损害国家尊严、荣誉和利益，宣扬恐怖主义、极端主义；三是诋毁民族优秀文化传统，煽动民族仇恨、民族歧视，侵害民族风俗习惯，歪曲民族历史或者民族历史人物，伤害民族感情，破坏民族团结；四是煽动破坏国家宗教政策，宣扬邪教、迷信；五是危害社会公德，扰乱社会秩序，破坏社会稳定，宣扬淫秽、赌博、吸毒，渲染暴力、恐怖，教唆犯罪或者传授犯罪方法；六是侵害未成年人合法权益或者损害未成年人身心健康；七是侮辱、诽谤他人或者散布他人隐私，侵害他人合法权益；八是法律、行政法规禁止的其他内容。电影禁止的内容明显是对《宪法》第二章中"公民的基本权利和义务"的贯彻与执行，或者说是宪法规定在电影法中的具体表现。

任意性规则，并非字面解读的那样完全随意的规定，而是指在法定范围内允许行为人有一定选择性地确定其权利的具体内容，这种选择性既可以是自行决定，也可以是进行协商。例如《著作权法》第八条第一款规定："著作权人和与著作权有关的权利人可以授权著作权集体管理组织行使著作权或者与著作权有关的权利。"这个规定显然说明行为人完全有自行决定如何行使的自由。《电影产业促进法》第二十八条第一款指出："国务院教育、电影主管部门可以共同推荐有利于未成年人健康成长的电影，并采取措施支持接受义务教育的学生免费观看，由所在学校组织安排。"这里的"可以"一词显然就不是硬性要求，而是国务院教育、电影主管部门根据实际情况自行选择向未成年人推荐还是不推荐电影。

二、授权性规则和义务性规则

授权性规则是指法律规定权利人能够作出或拒绝作出某种行为的规则。比如《著作权法》第十八条第二款在对职务作品进行规定时指出："作者享有署名权，著作权的其他权利由法人或者非法人组织享有，法人或者非法人组织可以给予作者奖励……"这里"享有"的权利就是法律授予的权利。

义务性规则是指法律规定人们必须履行某种行为或不得实施某种行为的规则。比如《著作权法》第十四条规定合作作品分割使用的，"行使著作权时不得侵犯合作作品整体的著作权"。

三、确定性规则和委任性规则

确定性规则是指权利行使的内容已有法律规范予以明确，

无须再援引或参照其他法律规范来确定其权利内容的规则。电影法的法律法规绝大多数是确定性规则，具有独立发挥作用的效力。比如，《著作权法》第九条规定："著作权人包括：（一）作者；（二）其他依照本法享有著作权的自然人、法人或者非法人组织。"此处的"著作权人"确定就是以上两类。

委任性规则是指权力行使的内容尚未由法律规范确定下来，仅仅是作出了某些概括性的指引，还需要由相应的国家机关或具有某些行政权的组织经特定程序加以明确规则。比如《电影产业促进法》第九条第一款规定："电影行业组织依法制定行业自律规范，开展业务交流，加强职业道德教育，维护其成员的合法权益。"此处的各电影行业组织实际上被委任制定相应行业自律规范的权力。再比如该法第四十六条规定："县级以上人民政府电影主管部门应当加强对电影活动的日常监督管理，受理对违反本法规定的行为的投诉、举报，并及时核实、处理、答复……"这个规定显然也是对县级以上人民政府电影主管部门委任对电影活动的日常监督管理的权力。再比如，《著作权法》第七条规定："国家著作权主管部门负责全国的著作权管理工作；县级以上地方主管著作权的部门负责本行政区域的著作权管理工作。"此处涉及的各级政府可以根据委任的权力，对本地电影作品的著作权管理出台具体化的规定。

第三章
电影法的主要渊源

第一节　电影法渊源的认识

渊源指深水的源头，或称源流，用以比喻事物的本源。结合法理学界对法律渊源的认识，我们对电影法律渊源的认识主要包括对电影法律的历史渊源、本质渊源、理论渊源和形式渊源的认识。

一是电影法律的历史渊源，即指引起特定法律制度、法律原则、法律规则、法律习惯产生的历史事件与行为。比如，我们在本书第二章论述的电影法为人民服务、为社会主义服务原则形成的历史。二是电影法律的本质渊源，即指电影法律现象产生、存在、发展的根本原因。比如，我们在本书第一章论述电影法第一块被关注的领域就是著作权问题，这是艺术伴随技术发展的必然现象。三是电影法律的理论渊源，即指对电影法制度和规范起到指导作用的思想理论。比如，我们在本书第二章论述的电影法百花齐放、百家争鸣方针原则理论的提出与发展成熟。四是电影法律的形式渊源，也就是被承认具有法律效力和强制力的电影法律形式，这也是我们了解、熟悉、掌握、运用和研究的主要电影法律渊源，是最核心的电影法依据，也是本章节重点分析的内容。

从立法角度看，电影法律渊源就是电影法律规范产生的源头，也就是说我们能够看到的电影法律规范或可以导致电影法律规范产生的都是电影法律渊源。从司法角度看，只要能成为司法裁判依据的规范，不论其是否为法律规范，都能称之为电影法律渊源。

电影法律渊源如同其他法律渊源一样，从不同角度可以进行多种分类。其中最重要的分类是电影法的正式渊源和非正式渊源，二者区分的标志就是是否由国家制定的具有法律性质文件形式予以确认。

第二节 电影法的正式渊源的分类

电影法的正式渊源是由国家制定的具有法律性质的文件形式予以确认的渊源，主要包括宪法、法律、行政法规、部门规章、地方性法规、特别行政区法律和国际条约等。根据不同的标准和视角，电影法的正式渊源又可分为电影公法与电影私法、电影一般法与电影特别法、电影国内法与电影国际法。对于前两种分类我们都作简单的介绍，重点是对第三种分类进行具体的介绍与分析，因为第三种分类恰恰是实践中需要理解和运用电影法的人最应该掌握的。

电影公法与电影私法。公法与私法的这种区分，过去主要存在于民法法系国家，是民法法系国家划分部门法的参考基础。随着发展，普通法系国家也逐渐接纳和认同公法与私法的这种划分方式。电影公法和电影私法的区别在于：一是双方的保护对象不同，电影公法着眼于电影对于整个国家和社会以及人民权利的充分发展，电影私法着眼于与电影发生关系的自然人或法人的个人权益。二是双方调整的社会关系不同，电影公法往往重点调整国家电影产业发展，而电影私法则关注大量的与电影发生关系的自然人或法人之间的法律关系。三是双方强调的原则各不相同，其中前者强调为人民服务、为社会主义服务这类公共利益，而后者强调鼓励电影创作自由或电影著作权的经济权益等私人利益等。比如，《公共文化服务保障法》就是典型的着眼于国家和社会以及人民权利的充分发展的公法，并且重点在于国家的公共文化服务保障问题，这也是公益性问题。比如，《著作权法》中虽然也有公法性质的规定，但更侧重于对著作权的个人权益的保护。

电影一般法与电影特别法。二者的区别在于电影法的适用范围是一般性的还是特定性的。前者是指对一般时间、一般地点的一般人、一般事项有效的法律，比如《宪法》《民法典》《著作权法》中有关电影的内容。后者则是指对特定时间、特定地点的特定的人、特定事项有效的法律，比如《外商投资电影院暂行规定》是针对特定的人——投资电影院的外商，而且针对的是特定的事项——投资电影院，再比如《聘用境外主创人员参与摄制国产影片管理规定》是针对特定的人——境外主创人员，而且针对的是特定事项——摄制国产影片。

电影国内法与电影国际法。二者的区分主要着眼于以下六个方面：一是主体不同，电影国内法的主体是国内公民，而电影国际法的主体是国家关系中的国家本身。二是调整的对象不同，电影国内法主要调整的对象是私人之间的关系，电影国际法调整的对象主要是国家或政府之间的关系。三是渊源不同，电影国内法的渊源主要是国内立法和国内习惯法，电影国际法的渊源主要是国家与国际组织之间、国家组织之间和国家之间的国际条约和国际习惯等。四是本质属性不同，电影国内法是一国的主权意志对内的效力，电影国际法则是国家主权意志对外的表现。五是效力不同，电影国内法的效力由该国的意志决定，电影国际法的效力则决定于来自多国的共同意志或同意。六是实施不同，电影国内法的实施以该国的法律强制力加以保证，而电影国际法则以国家单独或集体的强制措施为保证。我们下面具体来分析中国的电影国内法和电影国际法具体都涉及哪些主要法律规范及其相关的具体规定。

第三节　国内法的主要电影法规范及其相关规定

一、宪法

《宪法》关于电影法的规定主要集中在第二章"公民的基本权利和义务"和第三章"国家机构"中,第十三条第一款和第二款规定:"公民的合法的私有财产不受侵犯。国家依照法律规定保护公民的私有财产权和继承权。"该条规定是对因电影而产生的各种财产权予以保护。第十四条第三款规定:"国家合理安排积累和消费,兼顾国家、集体和个人的利益,在发展生产的基础上,逐步改善人民的物质生活和文化生活。"这条是对电影作品创作、电影产品发展、电影产业进步和电影市场繁荣作出的规定。第十八条规定:"中华人民共和国允许外国的企业和其他经济组织或者个人依照中华人民共和国法律的规定在中国投资,同中国的企业或者其他经济组织进行各种形式的经济合作。在中国境内的外国企业和其他外国经济组织以及中外合资经营的企业,都必须遵守中华人民共和国的法律。它们的合法的权利和利益受中华人民共和国法律的保护。"这是境外资本投资中国电影、建设电影院等市场行为的依据。第十九条第一至三款："国家发展社会主义的教育事业,提高全国人民的科学文化水平。国家举办各种学校,普及初等义务教育,发展中等教育、职业教育和高等教育,并且发展学前教育。国家发展各种教育设施,扫除文盲,对工人、农民、国家工作人员和其他劳动者进行政治、文化、科学、技术、业务的教育,鼓励自学成才。"电影首先是文化,同时又凭借技术的进步而迅猛发展,无论是电影作品的创作、电影产品的设计还是电影产业的完善以及电影市场的成熟,都离不开专业人才教育。第二十二条第一款规定："国家发展为人民服务、为社会主义服务的文学艺术事业、新闻广播电视事业、出版发行事业、图书馆博物馆文化馆和其他文化事业,开展群众性的文化活动。"这条是对电影作为文化事业的重要组成部分的肯定。第四十七条规定："中华人民共和国公民有进行科学研究、文学艺术创作和其他文化活动的自由。国家对于从事教育、科学、技术、文学、艺术和其他文化事业的公民的有益于人民的创造性工作,给以鼓励和帮助。"这条是从电影作品创作者的角度进行权利保护。

还有电影法制定、执行的相关规定。第八十九条："国务院行使下列职权:(一)根据宪法和法律,规定行政措施,制定行政法规,发布决定和命令;(二)向全国人民代表大会或者全国人民代表大会常务委员会提出议案;(三)规定各部和各委员会的任务和职责,统一领导各部和各委员会的工作,并且领导不属于各部和各委员会的全国性的行政工作;(四)统一领导全国地方各级国家行政机关的工作,规定中央和省、自治区、直辖市的国家行政机关的职权的具体划分;(五)编制和执行国民经济和社会发展计划和国家预算;(六)领导和管理经济工作和城乡建设、生态文明建设;(七)领导和管理教育、科学、文化、卫生、体育和计划生育工作;(八)领导和管理民政、公安、司法行政等工作;(九)管理对外事务,同外国缔结条约和协定……"第九十条:"国务院各部部长、各委员会主任负责本部门的工作;召集和主持部务会议或者委员会会议、委务会议,讨论决定本部门工作的重大问题。各部、各委员会根据法律和国务院的行政法规、决定、命令,在本部门的权限内,发布命令、指示和规章。"在后面的分析中可以看出我国电影法的最大数量的组成内容都来自第八十九条和第九十条的规定。第一百零七条:"县级以上地方各级人民政府依照法律规定的权限,管理本行政区域内的经济、教育、科学、文化、卫生、体育事业、城乡建设事业和财政、民政、公安、民族事务、司法行政、计划生育等行政工作……"实际上,这一条是对第八十九条和第九十条理论与实践逻辑的进一步具体化。

二、主要的法律

（一）《刑法》的相关规定

《刑法》有关电影法的规定主要集中在分则第三章"破坏社会主义市场经济秩序罪"、第四章"侵犯公民人身权利、民主权利罪"和第五章"侵犯财产权罪"。第一百五十八条【虚报注册资本罪】："申请公司登记使用虚假证明文件或者采取其他欺诈手段虚报注册资本，欺骗公司登记主管部门，取得公司登记……"第一百五十九条【虚假出资、抽逃出资罪】："公司发起人、股东违反公司法的规定未交付货币、实物或者未转移财产权，虚假出资，或者在公司成立后又抽逃其出资……"虚报注册资本罪和虚假出资、抽逃出资罪最容易出现在电影投资公司、制作公司和发行公司。第一百九十二条【集资诈骗罪】："以非法占有为目的，使用诈骗方法非法集资……"第一百九十三条【贷款诈骗罪】："有下列情形之一，以非法占有为目的，诈骗银行或者其他金融机构的贷款……：（一）编造引进资金、项目等虚假理由的；（二）使用虚假的经济合同的；（三）使用虚假的证明文件的；（四）使用虚假的产权证明作担保或者超出抵押物价值重复担保的；（五）以其他方法诈骗贷款的。"集资诈骗罪和贷款诈骗罪最容易出现在以虚构的电影项目进行集资和借贷中。

第三章"破坏社会主义市场经济秩序罪"的第六节"危害税收征管罪"是电影市场中最容易发生的犯罪行为,也是最为社会公众知晓并关注的严重危害电影发展的情况,其中包括第二百零一条【逃税罪】:"纳税人采取欺骗、隐瞒手段进行虚假纳税申报或者不申报……"第二百零三条【逃避追缴欠税罪】:"纳税人欠缴应纳税款,采取转移或者隐匿财产的手段,致使税务机关无法追缴欠缴的税款……"第二百零五条及第二百零五条之一【虚开增值税专用发票、用于骗取出口退税、抵扣税款发票罪;虚开发票罪】:"虚开增值税专用发票或者虚开用于骗取出口退税、抵扣税款的其他发票的……"第二百零六条【伪造、出售伪造的增值税专用发票罪】:"伪造或者出售伪造的增值税专用发票的……"第二百零七条【非法出售增值税专用发票罪】:"非法出售增值税专用发票的……",第二百零八条【非法购买增值税专用发票、购买伪造的增值税专用发票罪;虚开增值税专用发票罪、出售伪造的增值税专用发票罪,非法出售增值税专用发票罪】:"非法购买增值税专用发票或者购买伪造的增值税专用发票的……"

最为重要的是"破坏社会主义市场经济秩序罪"第七节"侵犯知识产权罪",这是对侵害电影权利人的利益的具体罪名规定，和第八节"扰乱市场秩序罪"中的两个罪名。具体包括第二百一十三条【假冒注册商标罪】："未经注册商标所有人许可，在同一种商品、服务上使用与其注册商标相同的商标……"第二百一十四条【销售假冒注册商标的商品罪】："销售明知是假冒注册商标的商品，违法所得数额较大或者有其他严重情节的……"第二百一十五条【非法制造、销售非法制造的注册商标标识罪】："伪造、擅自制造他人注册商标标识或者销售伪造、擅自制造的注册商标标识……"第二百一十七条【侵犯著作权罪】："以营利为目的，有下列侵犯著作权或者与著作权有关的权利的情形之一，违法所得数额较大或者有其他严重情节的……：（一）未经著作权人许可，复制发行、通过信息网络向公众传播其文字作品、音乐、美术、视听作品、计算机软件及法律、行政法规规定的其他作品的……"第二百一十八条【销售侵权复制品罪】："以营利为目的，销售明知是本法第二百一十七条规定的侵权复制品……"此处也与《著作权法》第五十三条呼应衔接，即有侵权行为的，根据情况的严重程度承担责任，构成犯罪的，依法追究刑事责任。第二百一十九条【侵犯商业秘密罪】："有下列侵犯商业秘密行为之一，情节严重的……：（一）以盗窃、贿赂、欺诈、胁迫、电子侵入或者其他不正当手段获取权利人的商业秘密的；（二）披露、使用或者允许他人使用以前项手段获取的权利人的商业秘密的;(三)违反保密义务或者违反权利人有关保守商业秘密的要求,披露、使用或者允许他人使用其所掌握的商业秘密的……"第二百二十一条【损害商业信誉、商品声誉罪】:"捏造并散布虚伪事实,损害他人的商业信誉、商品声誉,给他人造成重大损失或者有其他严重情节的……"第二百二十二条【虚假广告罪】:"广告主、广告经营者、广告发布者违反国家规定,利用广告对商品或者服务作虚假宣传,情节严重的……"虚假广告罪还需要注意插入电影内容中的虚假广告问题。

与电影法相关的罪名还有:第二百二十四条【合同诈骗罪】:"有下列情形之一,以非法占有为目的,在签订、履行合同过程中,骗取对方当事人财物……(一)以虚构的单位或者冒用他人名义签订合同的;(二)以伪造、变造、作废的票据或者其他虚假的产权证明作担保的;(三)没有实际履行能力,以先履行小额合同或者部分履行合同的方法,诱骗对方当事人继续签订和履行合同的;(四)收受对方当事人给付的货物、货款、预付款或者担保财产后逃匿的;(五)以其他方法骗取对方当事人财物的。"第二百二十四条之一【组织领导传销活动罪】:"组织、领导以推销商品、提供服务等经营活动为名,要求参加者以缴纳费用或者购买商品、服务等方式获得加入资格,并按照一定顺序组成层级,直接或者间接以发展人员的数量作为计酬或者返利依据，引诱、胁迫参加者继续发展他人参加，骗取财物，扰乱经济社会秩序的传销活动的……"以电影项目为噱头，表面上是发起几轮投资，实际上是传销行为。第二百四十六条【侮辱罪、诽谤罪】："以暴力或者其他方法公然侮辱他人或者捏造事实诽谤他人，情节严重的……"第二百五十三条之一【侵犯公民个人信息罪】："违反国家有关规定，向他人出售或者提供公民个人信息，情节严重的……"侮辱罪、诽谤罪和侵犯公民个人信息罪最容易发生在知名度较高的导演或演员身上。

（二）《民法典》的相关规定

《民法典》有关电影法的规定主要集中在第一编"总则"的第一章"基本规定"、第二章"自然人"、第三章"法人"、第四章"非法人组织"、第五章"民事权利"、第六章"民事法律行为"、第七章"代理"、第八章"民事责任"、第九章"诉讼时效"、第十章"期间计算"。第二编"物权"第一分编"通则"的第一章"一般规定"、第二章"物权的设立、变更、转让和消灭"、第三章"物权的保护"；第二分编"所有权"的第四章"一般规定"、第八章"共有"、第九章"所有权取得的特别规定"。此处也与《著作权法》第五十二条和第五十三条呼应衔接，即有侵权行为的，根据情况,"承担停止侵害、消除影响、赔礼道歉、赔偿损失等民事责任"。第四分编"担保物权"的第十六章"一般规定"、第十七章"抵押权"、第十八章"质权"。第三编"合同"的第一分编"通则"的第一章"一般规定"、第二章"合同的订立"、第三章"合同的效力"、第四章"合同的履行"、第五章"合同的保全"、第六章"合同的变更和转让"、第七章"合同的权利义务终止"、第八章"违约责任";第二分编"典型合同"的第九章"买卖合同"、第十二章"借款合同"、第十三章"保证合同"、第二十五章"行纪合同"、第二十六章"中介合同"、第二十七章"合伙合同";第四编"人格权"的第一章"一般规定"、第二章"生命权、身体权和健康权"、第三章"姓名权和名称权"、第四章"肖像权"、第五章"名誉权和荣誉权"、第六章"隐私权和个人信息保护";第六编"继承"的第一章"一般规定"、第二章"法定继承"、第三章"遗嘱继承和遗赠"、第四章"遗产的处理"。第七编"侵权责任"的第一章"一般规定"、第二章"损害赔偿"、第三章"责任主体的特殊规定"。

(三)《行政诉讼法》的相关规定

《行政诉讼法》第二条规定:"公民、法人或者其他组织认为行政机关和行政机关工作人员的行政行为侵犯其合法权益,有权依照本法向人民法院提起诉讼。前款所称行政行为,包括法律、法规、规章授权的组织作出的行政行为。"该条为电影法的执行和适用提供了保障。第四条第一款规定："人民法院依法对行政案件独立行使审判权，不受行政机关、社会团体和个人的干涉。"这也为电影法中的主体提供了保障。第十二条对电影法所涉当事人可以向人民法院提起诉讼的范围作出了限制，主要包括：一是对行政拘留、暂扣或者吊销许可证和执照、责令停产停业、没收违法所得、没收非法财物、罚款、警告等行政处罚不服的；二是对限制人身自由或者对财产的查封、扣押、冻结等行政强制措施和行政强制执行不服的；三是申请行政许可，行政机关拒绝或者在法定期限内不予答复，或者对行政机关作出的有关行政许可的其他决定不服的；四是申请行政机关履行保护人身权、财产权等合法权益的法定职责，行政机关拒绝履行或者不予答复的；五是认为行政机关滥用行政权力排除或者限制竞争的；六是认为行政机关侵犯其他人身权、财产权等合法权益的。

（四）《行政处罚法》的相关规定

《行政处罚法》第二条规定："行政处罚是指行政机关依法对违反行政管理秩序的公民、法人或者其他组织，以减损权益或者增加义务的方式予以惩戒的行为。"这赋予电影主管机关对于违反电影法行政管理规定的行为人可以实施惩戒的权力。第九条对电影有关的主管行政机关可以作出行政处罚的种类进行了界定，按照处罚力度逐渐升高的标准依次包括：一是警告、通报批评；二是罚款、没收违法所得、没收非法财物；三是暂扣许可证件、降低资质等级、吊销许可证件；四是限制开展生产经营活动、责令停产停业、责令关闭、限制从业；五是行政拘留；六是法律、行政法规规定的其他行政处罚。《电影产业促进法》的精神和要求也与《行政处罚法》保持了一致。《电影产业促进法》第五十四条还对尚未构成犯罪而可以进行行政处罚的行为作出了规定，主要包括擅自将未取得电影公映许可证的电影制作成音像制品的行为、擅自通过互联网、电信网、广播电视网等信息网络传播未取得电影公映许可证的电影的行为等。国家广播电视总局发布的《广播电视行政处罚程序规定》在第五十二条规定："本规定中所称广播电视行政处罚，包括对广播电视和网络视听领域违法行为实施的行政处罚。"

（五）《行政复议法》的相关规定

《行政复议法》第二条规定："公民、法人或者其他组织认为具体行政行为侵犯其合法权益，向行政机关提出行政复议申请，行政机关受理行政复议申请、作出行政复议决定，适用本法。"这也是对电影法体系中的参与主体权利保障的重要方式，主要是针对不服《行政诉讼法》第十二条规定的情形。

（六）《行政许可法》的相关规定

《行政许可法》第二条规定："本法所称行政许可，是指行政机关根据公民、法人或者其他组织的申请，经依法审查，准予其从事特定活动的行为。"第三条第一款也明确设定和实施行政许可也必须遵照该法。这实际上是给电影法的参与主体提供了相关行为的合法起点。第八条第一款规定当事人依法取得行政许可后便受到法律保护，行政机构不得随意改变已经生效的行政许可，这是对行政行为稳定性的保证。第十二条第五项规定允许对企业或其他组织设立的主体资格确立问题设立行政许可，《电影企业经营资格准入暂行规定》及《〈电影企业经营资格准入暂行规定〉的补充规定》便是对电影企业资格问题设立的一种行政许可。《卫星地面接收设施接收外国卫星传送电视节目管理办法》第六条也对利用已有的或者设置专门的卫星地面接收设施接收外国卫星传送的电视节目的单位设置了必须申请《卫星地面接收设施接收外国卫星传送的电视节目许可证》的要求。《国家广播电影电视总局行政许可实施检查监督暂行办法》也是为规范行政许可行为而制定的。

（七）《行政强制法》的相关规定

《行政强制法》第二条规定明确行政强制分两种：一种是行政强制措施，二是行政强制执行。前者是指行政机关在行政管理过程中，为制止违法行为、防止证据损毁、避免危害发生、控制危险扩大等情形，依法对公民的人身自由实施暂时性限制，或者对公民、法人或者其他组织的财物实施暂时性控制的行为。后者是指行政机关或者行政机关申请人民法院，对不履行行政决定的公民、法人或者其他组织，依法强制履行义务的行为。《电影产业促进法》第四十七条规定擅自从事电影摄制、发行、放映活动的，由县级以上人民政府电影主管部门予以取缔，没收电影片和违法所得以及从事违法活动的专用工具、设备，并可以处以罚款，这显然是一种行政强制。

（八）《广告法》的相关规定

《广告法》第二条第一款规定："在中华人民共和国境内，商品经营者或者服务提供者通过一定媒介和形式直接或者间接地介绍自己所推销的商品或者服务的商业广告活动，适用本法。"例如，2022年5月"万达电影"在某网络电商平台发布的"观影促销券"涉嫌虚假广告宣传，调查发现使用万达电影在网络平台宣传的"观影权益券"购票比直接购票的费用还高，北京市朝阳区市场监督管理局认为万达电影的行为违反了《广告法》第八条第一款的规定，对商品的价格、允诺或对服务的价格、允诺没有准确清楚表示，因而作出行政处罚一万元的决定，并责令其改正违法行为。[①]《电影

---

① 《用券购票反而价格更高 万达电影违反广告法被罚》，载华商网：http://news.hsw.cn/system/2022/0510/1465960.shtml。

产业促进法》第五十一条第二款明确规定："电影院在向观众明示的电影开始放映时间之后至电影放映结束前放映广告的，由县级人民政府电影主管部门给予警告，责令改正；情节严重的，处一万元以上五万元以下的罚款。"

（九）《消费者权益保护法》的相关规定

《消费者权益保护法》第三条规定："经营者为消费者提供其生产、销售的商品或者提供服务，应当遵守本法……"常有消费者在网络平台购买电影票时发现无法退票，这是电影院单方设置退改签格式合同条款的行为，实际上违背了《消费者权益保护法》第二十六条第二款的规定，即电影院经营者不得以格式条款或声明等方式，排除或者限制观影消费者权利，变相地加重观影消费者责任等，尤其需要注意利用格式条款并借助技术手段变相的强制交易行为。类似问题，可由依法成立的对商品和服务进行社会监督的保护消费者合法权益的社会组织消费者协会行使公益性职权。《电影产业促进法》第五十一条禁止电影发行企业、电影院等有制造虚假交易、虚报瞒报销售收入等行为，若有以上行为则被惩处，情节最严重的可以将原发证机关下发的许可证予以吊销，这是对扰乱电影市场秩序的特定条款，同时也可达到避免误导观影消费者的目的。

(十)《治安管理处罚法》的相关规定

《治安管理处罚法》第二条规定，扰乱公共秩序，妨害公共安全，妨害社会管理，具有社会危害性，但尚未构成犯罪的，可以由公安机关给予治安管理处罚。电影院逃票行为就属于侵犯财产权利的行为，违反了《治安管理处罚法》。在电影院大声喧哗，依据《治安管理处罚法》第二十三条的规定，可以处警告或者二百元以下罚款，情节较重可以处五日以上十日以下拘留，同时可以并处五百元以下罚款。《治安管理处罚法》第三十九条还规定电影院的经营管理人员需要遵守安全规定，否则发生安全事故危险的由公安机关责令改正，拒不改正的处五日以下拘留。《电影产业促进法》第三十三条也明确规定电影院应当遵守治安相关法律，维护放映场所的公共秩序。《有线电视管理暂行办法》第十七条规定，对于违反该办法的行为如果构成违反治安管理秩序的，情节较轻的由公安机关依照《治安管理处罚法》的规定予以处罚。

(十一)《消防法》的相关规定

《消防法》第六条第二款要求企业加强对本单位人员的消防宣传教育，第十六条要求企业按照国家标准和行业标准认真配置消防设施和器材，按规定设置消防安全标志，同时要保障疏散通道、安全出口、消防车通道畅通。电影院属于该法第七十三条所指的"公众聚集场所"和"人员密集场所"。每年节假日，国家电影局都会下通知要求各级电影主管部门以及各电影院线公司、放映单位严格遵守《消防法》规定的消防安全职责，认真开展安全隐患排查，确保电影院消防安全。《电影产业促进法》第三十三条也明确规定电影院应当遵守消防相关法律，以确保观众的安全。

（十二）《网络安全法》的相关规定

《网络安全法》第十二条第二款规定任何个人和组织都不得使用网络侵犯他人知识产权等合法权益。"互联网+电影"是一种利用互联网看电影的模式，当下主要有两种方式：一是在互联网平台购买电影票，二是通过互联网视频平台观看电影。"互联网+电影"推动电影产业链上各个环节的发展和进步已有逾十年的实践，在给电影产业带来创新和增量，为电影观众带来更多便利的同时改变了电影院的商业模式。2019年举办的第九届北京国际电影节设置了专门针对互联网电影的主题论坛。互联网与传统电影行业之间除了融合外，还存在竞争关系，也出现了一些违法犯罪现象。比如2019年举办的中国网络版权保护与发展大会对盗版电影通过互联网快速传播带来的风险进行了探讨。2010年由工业和信息化部、公安部和国家版权局联合启动"剑网行动"，共同打击网络侵权盗版问题，该行动持续至今，取得了显著效果。

(十三)《著作权法》的相关规定

电影法起步于对电影的著作权法保护，因而《著作权法》对于电影法的价值和现实意义不言而喻。该法关于电影的规定主要集中在第一章"总则"；第二章"著作权"的第一节"著作权人及其权利"、第二节"著作权归属"、第三节"权利的保护期"、第四节"权利的限制"；第三章"著作权许可使用和转让合同"；第四章"与著作权有关的权利"；第五章"著作权和与著作权有关的权利的保护"和第六章"附则"。其中最为重要的是第十七条第一款规定："视听作品中的电影作品、电视剧作品的著作权由制作者享有，但编剧、导演、摄影、作词、作曲等作者享有署名权，并有权按照与制作者签订的合同获得报酬。"该条款对电影作品的著作权的归属问题作出了明确规定，即电影制片人享有电影作品的著作权，其他参与电影作品创作的编剧、导演等主要作者享有署名权。《电影产业促进法》第三十一条规定不得对正在放映的电影进行录音录像，一旦发现这种行为，电影院工作人员有权予以制止并要求其删除，如果行为人拒不听从的，电影院工作人员则有权要求其离场。

(十四)《电影产业促进法》的相关规定

2016年11月7日，第十二届全国人民代表大会常务委员会第二十四次会议通过的《电影产业促进法》已自2017

年3月1日起施行。这部法律在我国电影法体系中具有核心地位,是对电影有关的法律规定最为集中、最为直接的,也是现行法律中唯一一部以"电影"为核心制定的法律,对电影法的发展具有里程碑意义。该法共分为六个部分:第一部分"总则"主要是对该法的宗旨、适用范围和原则以及相关定义和中国的电影体系进行了界定,第二部分"电影创作、摄制"主要是围绕电影从剧本创作到拍摄制作成品的内容和程序进行了规定,第三部分"电影发行、放映"主要是围绕电影制作完成后的宣传发行和放映的主体和程序进行了规定,第四部分"电影产业支持、保障"聚焦电影产业发展的国家政策内容,第五部分"法律责任"对违反该法的行为的管理、监督和惩处进行了规定,第六部分"附则"对境外资本在我国境内从事电影活动应遵照的规定和该法实施的具体时间作出了明示。《电影产业促进法》围绕"电影产业促进"这一中心问题制定,其内容也必然突显出我国对电影产业的重视,具体在该法的内容中主要体现在三个方面:一是通过本次立法转变政府管理思路和方式,秉承放管并举的原则,为社会力量从事电影活动提供了更多的便利;二是体现政府的引导、激励作用的充分发挥,采取财政、税收、金融、用地、人才等多种措施对电影产业予以扶持和推进;三是在继承弘扬中华优秀传统文化的基础之上,促进电影产业健康快速发展。

三、主要的行政法规

（一）《进口影片管理办法》的相关规定

1981年10月13日经国务院批准，文化部、海关总署发布《进口影片管理办法》。该办法是根据1980年4月14日中共中央、国务院、中央军委下发的《关于制止滥放内部参考影片的通知》的精神制定出台的。当时将从含港澳地区在内的境外进口发行的影片和试映拷贝业务统一归口中国电影发行放映公司经营管理，海关仅凭中国电影发行放映公司填报的进口货物报关单核查放行。该办法将进口电影分为商业性影片和非商业性影片，前者指用于在全国发行的影片，后者专指由中国电影资料馆进口的影片。对于违反该办法进口的或走私进口的影片，海关有权按有关规定处理，对有保留参考价值的被没收影片可转送文化部电影事业管理局交中国电影资料馆保存。

（二）《卫星地面接收设施接收外国卫星传送电视节目管理办法》的相关规定

1990年4月9日经国务院批准，广播电影电视部、公安部、国家安全部发布《卫星地面接收设施接收外国卫星传送电视节目管理办法》。该办法对单位利用已有的卫星地面接收设施或者设置专门的卫星地面接收设施接收与本单位业务工作有直接关系的外国卫星传送的电视节目（包括电影）的管理权限和申请许可的程序作出了具体规定。2018年9月18日，国务院发布国务院令第703号对该办法进行了修订。

(三)《有线电视管理暂行办法》的相关规定

1990年11月2日经国务院批准，同年11月16日由国家广播电影电视部发布《有线电视管理暂行办法》，后来又分别于2011年和2018年进行了修订。该办法所指的有线电视包括利用电缆或者光缆传送电视节目的公共电视传输系统接收、传送无线电视节目并播放自制电视节目和录像片的有线电视台，其中的"录像片"便包括电影作品。

(四)《卫星电视广播地面接收设施管理规定》的相关规定

1993年8月20日经国务院批准并发布《卫星电视广播地面接收设施管理规定》，后来又分别于2013年和2018年进行了修订。该办法对接收卫星传送的电视节目的天线、高频头、接收机及编码、解码器等设施的管理作出了具体规定。该办法规定如果是单位设置卫星地面接收设施的，需要报省、自治区、直辖市人民政府广播电视行政管理部门审批，相关设施安装完毕需由审批机关发给《接收卫星传送的电视节目许可证》，而个人不允许安装和使用卫星地面接收设施。

(五)《电影管理条例》的规定

2001年12月12日经国务院批准并发布《电影管理条例》。该条例作为一部行政法规,与2016年11月7日由第十二届全国人民代表大会常务委员会通过的《电影产业促进法》有着密切的关系,应当予以厘清:一是《电影产业促进法》是一部法律,由最高立法机关制定,在电影法体系中具有根本性和基础性意义和作用,而《电影管理条例》实际上是《电影产业促进法》的派生支系,对《电影产业促进法》起着配套的行政法规作用;二是《电影产业促进法》实质上保留并完善了《电影管理条例》的一些制度,并将其内容和程序性规定进行了丰富;三是《电影产业促进法》取消了如电影单片许可制、下放了电影片审查等《电影管理条例》规定的一些具体制度;四是《电影产业促进法》虽然出台的时间晚,但在实践层面依然需要《电影管理条例》在电影进出口管理、电影审查程序等方面对其进行细化与补充。

四、主要的部门规章

(一)《〈卫星电视广播地面接收设施管理规定〉实施细则》的相关规定

1994年2月3日广播电影电视部发布《〈卫星电视广播地面接收设施管理规定〉实施细则》,后来于2021年10月9

日进行了修订。显然这是对国务院颁布行政法规《卫星电视广播地面接收设施管理规定》的内容的细化。

(二)《广播电影电视行政复议办法》的相关规定

2001年5月9日,广播电影电视部发布《广播电影电视行政复议办法》。该办法规定广播电影电视具体行政行为侵犯其合法权益的公民、法人或者其他组织可以向上一级广播电影电视行政部门或机构提出行政复议申请。该办法第四条对负责行政复议机关的职责进行了明确,对可以提起相关行政复议的具体行为划定了范围,并对此类行政复议的程序进行了详尽规定。

(三)《外商投资电影院暂行规定》及《〈外商投资电影院暂行规定〉的补充规定》《〈外商投资电影院暂行规定〉的补充规定二》的相关规定

2003年11月25日,国家广播电影电视总局、商务部、文化部发布《外商投资电影院暂行规定》,后来于2015年8月28日进行修订。其中第一条就明确制定该暂行规定的目的就是吸引境外投资、引进先进技术和设备,促进我国电影产业发展。第二条规定外国的公司、企业和其他经济组织或个人适用该暂行规定。该暂行规定还对外商投资电影院的条件和程序进行了具体规定。2005年4月8日,国家广播电影电视总局、商务部、文化部发布《〈外商投资电影院暂行规定〉

的补充规定》,主要是因为香港和澳门回归后,进一步促进和鼓励香港和澳门投资者在内地从事电影院的建设、改造和经营。2006年1月18日,国家广播电影电视总局、商务部、文化部又发布《〈外商投资电影院暂行规定〉的补充规定二》,进一步明确香港和澳门投资者可以在内地设立独资公司,而且可以在多个地点新建或改建多间电影院并经营电影放映业务。

(四)《广播影视节(展)及节目交流活动管理规定》的相关规定

2004年6月15日,国家广播电影电视总局发布《广播影视节(展)及节目交流活动管理规定》。2016年5月4日进行了修正,该管理规定的重要依据是《电影管理条例》。《广播影视节(展)及节目交流活动管理规定》明确鼓励国产电影作品参加境内外电影节(展)等交流活动,但必须经国家广播电影电视总局批准。该管理规定还对在境内或赴境外举办中国影视节(展)必须经批准和备案,并对举办国际性电影节(展)的条件和程序进行了明确。

(五)《国家广播电影电视总局行政许可实施检查监督暂行办法》的相关规定

2004年6月18日,国家广播电影电视总局发布《国家广播电影电视总局行政许可实施检查监督暂行办法》。第一条明确制定目的:"为规范国家广播电影电视总局行政许可行为，推进总局依法行政工作，根据行政许可法的有关规定，制定本办法。"该暂行办法对涉及电影的行政许可的内容和程序都作出了具体规定。

（六）《中外合作摄制电影片管理规定》的相关规定

2004年7月6日国家广播电影电视总局发布《中外合作摄制电影片管理规定》，后来在2016年、2017年进行了两次修正。该规定首次在行政规章中强调维护中外合作摄制电影片的制片者及相关人员的合法权益，明确电影创作生产和对外电影交流的重要性；规定对中外合作摄制电影作品实行许可制度，并对符合的电影作品的摄制形式、摄制原则、摄制条件和审批程序等进行了明确。还值得一提的是第十九条规定："外方应通过中方在中国内地聘用电影创作及劳务人员，并依据中国法律、法规与应聘者签订合同。"这实际上避免、减少了在中外合作摄制电影作品中的中方的法律风险，这在当时的电影相关行政规章的制定中也是罕见的。

（七）《专网及定向传播视听节目服务管理规定》的相关规定

2015年11月23日，国家新闻出版广电总局下发《专网及定向传播视听节目服务管理规定》。该规定第二条对其所称的专网及定向传播视听节目服务作出了限定，即"以电视机、各类手持电子设备等为接收终端，通过局域网络及利用互联网架设虚拟专网或者以互联网等信息网络为定向传输通道，向公众定向提供广播电视节目等视听节目服务活动，包括以交互式网络电视（IPTV）、专网手机电视、互联网电视等形式从事内容提供、集成播控、传输分发等活动"。该规定对专网及定向传播视听节目服务单位的设立的条件、程序予以明确，并对其内容进行了限定，值得称道的是在第十七条专门强调："专网及定向传播视听节目服务单位应当遵守著作权法律、行政法规的规定，采取版权保护措施，保护著作权人的合法权益。"

（八）《电影企业经营资格准入暂行规定》及《〈电影企业经营资格准入暂行规定〉的补充规定》的相关规定

2004年10月10日，国家广播电影电视总局、商务部发布《电影企业经营资格准入暂行规定》。该暂行规定开宗明义制定目的是加快电影产业发展，培育电影市场主体，并明确经营电影制作、发行、放映、进出口业务境内公司、企业和其他经济组织及参与经营电影制作、放映业务的资格准入境外公司、企业和其他经济组织的管理适用。该暂行规定分章对电影制作、电影发行和放映、电影进出口的企业经营资格和条件作出了具体规定。2005年8月28日，国家广播电影电视总局、商务部又发布《〈电影企业经营资格准入暂行规定〉的补充规定》。该补充规定的颁布是为了鼓励香港和澳门投资者在大陆设立发行国产电影片的企业。2015年，对上述两个规定进行了修正。

（九）《电影艺术档案管理规定》的相关规定

2010年6月29日国家广播电影电视总局、国家档案局发布《电影艺术档案管理规定》。该规定是为了有效地保护和利用电影艺术档案，更好地为电影创作、生产、教学、研究和普及服务。该规定第三条将在电影创作、生产、发行、放映过程中形成的文字、图片、标准拷贝、数字母版、影片素材等具有保存价值的资料定义为电影艺术档案，并作为国家档案的重要组成部分而统一管理。该规定还对电影艺术档案的专门机构和人员以及归档程序予以明确。

五、主要的规范性文件

（一）《广播电视有线数字付费频道业务管理暂行办法（试行）》的相关规定

2003年11月14日，国家广播电影电视总局印发《广播电视有线数字付费频道业务管理暂行办法》。该暂行办法的制定一是为了维护广播电视有线数字付费频道业务运营主体和用户的合法权益，二是为了促进和规范广播电视有线数字付费频道业务健康发展。该暂行办法对付费频道开办和运营的资格、条件和程序作出了规定，并明确了付费频道播出内容。值得关注的是,第二十二条规定播出电影节目的必须是影视剧付费频道,第二十三条规定付费频道播出的电影必须依法取得《电影片公映许可证》,第二十四条规定了付费频道播出境外电影的时间要求。

(二)《广电总局关于在影视剧拍摄活动中加强自然环境和文物保护的通知》的相关规定

2007年4月26日印发的《广电总局关于在影视剧拍摄活动中加强自然环境和文物保护的通知》内容较为特殊。该通知是针对当时有的电影剧组在拍摄中破坏了一些风景名胜区的植被、水体等自然生态的情况而专门下发的。该通知要求各级电影主管行政部门和电影制作单位加大普法力度,组织和指导电影制作单位开展相关法律法规和文件规定的学习培训活动,并强调电影制作单位要严格遵守国家法律法规,同时要求电影主管行政部门加强监管。

(三)《农村电影公益放映场次补贴管理实施细则》的相关规定

2008年11月13日,国家广播电影电视总局印发《农村电影公益放映场次补贴管理实施细则》。该实施细则的制定一是为了规范农村电影公益场次补贴资金发放行为,二是为了确保农村电影放映工作的顺利实施。该实施细则对农村电影公益场次和农村电影公益场次补贴专项资金进行了界定,并对以下四方面内容作出规定：一是如何制订年度农村电影公益场次补贴计划，二是农村电影公益场次采购程序，三是农村电影公益放映场次上报程序，四是如何对农村电影公益放映场次补贴进行管理与监督。

（四）《广电总局关于改进和完善电影剧本（梗概）备案、电影片审查工作的通知》的相关规定

2010年2月4日印发的《广电总局关于改进和完善电影剧本（梗概）备案、电影片审查工作的通知》是对电影产业中的剧本环节的专门性特殊规定。该通知确保电影创作导向正确的关键和电影管理工作中基础而又重要的环节就是对电影剧本（梗概）的备案和影片的审查工作。通知主要包括两部分：第一部分是对电影剧本（梗概）备案的程序进行了明确，对涉及特殊题材和重大题材的备案和立项审批作出区别规定；第二部分是对电影设置完成后的审查程序进行了明确。

（五）《广播影视知识产权战略实施意见》的相关规定

2010年11月12日印发的《广播影视知识产权战略实施意见》是为了贯彻当时《国家知识产权战略纲要》和《文化产业振兴规划》。该实施意见也明确了知识产权是电影产业发展的战略性资源和核心要素之一，并提出要进一步完善包括电影法在内的知识产权法律制度，对于电影市场发展环境

的改进和国产电影国际竞争力的提升进行了充分思考。值得一提的是，该实施意见在多方面都体现出先进性：一是明确意识到合理划分电影作品著作权权利状态和著作权价值的意义，二是认为需要建立健全包括电影系统在内的商业秘密保护机制，三是提出了推行知识产权法律文书示范文本，四是确立了指导文化市场综合执法机构和广播影视执法机构实施国家关于打击侵犯知识产权和制售假冒伪劣商品的专项行动的重要性，等等。

（六）《"十四五"中国电影发展规划》的相关规定

2021年11月5日，国家电影局印发《"十四五"中国电影发展规划》的依据有两个：一是当时编制国家的《"十四五"文化发展规划》具体涉及其中的电影部分，二是已经编制好的《关于深化影视业综合改革促进我国影视业健康发展的意见》已有的具体规划。该通知明确将电影定位为"国家文化软实力的重要标识"，肯定电影发展对于"文化强国建设具有重要意义"，明确提出到2035年时"建成电影强国"的发展目标，并对电影创作生产、电影市场和电影产业体系建设、电影市场的活力、电影科技、电影公共服务体系、电影对外交流合作六个方面提出了要求。实际上这六个方面的具体要求也是《"十四五"中国电影发展规划》为"建成电影强国"设定的六个评价指标。

第四节　国际法的主要电影法律规范及其相关规定

一、主要的国际公约

（一）《伯尔尼公约》的相关规定

《伯尔尼公约》是关于著作权保护的国际条约，其内容涉及电影法。该公约于 1886 年 9 月 9 日在瑞士伯尔尼制定，1992 年 10 月 15 日中国成为该公约成员国，迄今已逾 30 年。

19 世纪后期，以法国为代表的欧洲各国出现了文学艺术发展高潮，其作品受到世界各地爱好者的追捧，世界各国因而开始注重著作权的国际保护。1878 年，享誉世界的文学家雨果在法国巴黎召开了一次文学大会，并成立了一个国际文学艺术协会，就是这个协会在五年后将一份经过多轮讨论集思广益的国际公约草案提交瑞士政府。瑞士政府高度重视这份公约草案，于 1886 年在伯尔尼举行的第三次大会上予以通过，并将其命名为《伯尔尼公约》。《伯尔尼公约》的原始签署国共十个国家，分别是法国、英国、德国、意大利、瑞士、比利时、西班牙、利比里亚、突尼斯和海地，一年后，除了利比里亚没有批准外，另外九个国家互换批准书，1887年12月《伯尔尼公约》生效，成为世界上第一个国际著作权公约。与该公约生效相配套成立了一个国际著作权保护的联盟——国际保护文学艺术作品联盟——成员由参加这一公约的国家组成，因而被称为伯尔尼联盟。随之选立的伯尔尼联盟国际局，对未来参加该公约的国家应履行的手续、该公约的修订程序作出了具体规定。又过了105年，中国加入该公约，也即成为伯尔尼联盟的成员国。中国在加入该公约的两年前就已制定了与该公约相配套的《著作权法》，并在第七届全国人民代表大会常务委员会第十五次会议上通过，于1991年6月1日正式施行。

《伯尔尼公约》整体结构分为正文和附件两部分，内容分为实质性条款和组织管理性条款两部分。《伯尔尼公约》附件是关于发展中国家的特别条款，明确规定发展中国家出于教育和科学研究的需要，可以在《伯尔尼公约》规定的限制范围内，按照公约规定的程序，发放翻译或复制有版权作品的强制许可证。这是在1971年修订《伯尔尼公约》时因发展中国家强烈要求而补充的。实际上，1971年修订也是最近的一次修订，之前的四次修订分别是：1908年的第一次，1928年的第二次，1948年的第三次，1967年的第四次。《伯尔尼公约》中涉及电影法律规范的最关键内容是将"电影作品或以与电影摄影术类似的方法创作的作品"纳入"文学艺术作品"的范畴。

(二)《世界版权公约》的相关规定

《世界版权公约》是由联合国教科文组织主持,1952 年在日内瓦缔结,于 1955 年 9 月 16 日生效,后于 1971 年在巴黎进行修订,并于 1974 年 7 月 10 日生效。中国于 1992 年 7 月 30 日递交了加入的官方文件,同年 10 月 30 日《世界版权公约》对中国生效。该公约不像《伯尔尼公约》规定得那么具体,但不允许成员国作任何保留。需要注意的是,在我国的法律渊源语境下,版权就是著作权,例如《著作权法》的第六十二条就明确规定:"本法所称的著作权即版权。"

《世界版权公约》主要保护文学、艺术和学术三个方面的作品版权,也就是第一条提出的:"缔约各国承允对文学、科学、艺术作品——包括文字、音乐、戏剧和电影作品,以及绘画、雕刻和雕塑——的作者及其他版权所有者的权利,提供充分有效的保护。"该公约还在第十一条中明确设立"政府间委员会",其职责为:研究世界版权公约的适用和实施事宜;做好定期修订本公约的准备工作;与联合国教育科学文化组织、国际保护文学艺术作品联盟、美洲国家组织等各有关国际组织合作,研究有关国际保护版权的任何问题;将该组织的各项活动通知世界版权公约的参加国。

《世界版权公约》虽然比《伯尔尼公约》面世晚,但许多理念和具体规定并不都是先进的。比如,《伯尔尼公约》有自动保护原则的规定,但是在《世界版权公约》第3条规定作品自初版之日起,在所有各册的版权栏内,标有C的符号,注明版权所有者之姓名、初版年份等。只有遵照执行才能在成员国中得到保护,各成员国就不应再要求履行登记手续或者其他手续。显然,烦琐的登记要求某种程度上好像是对版权保护的细化,其实是对权利天然保护理念的一种后退和妥协。

（三）《保护表演者、音像制品制作者和广播组织罗马公约》的相关规定

《保护表演者、音像制品制作者和广播组织罗马公约》（以下简称《罗马公约》）是关于著作权保护的国际公约,其内容涉及电影法的国际规范,该公约由世界知识产权组织、国际劳工组织与联合国教育、科学及文化组织共同发起,于1961年10月在意大利罗马制定和缔结。该公约于1964年5月18日生效。其特点之一是封闭性,只对加入《伯尔尼公约》和《世界版权公约》的成员开放,也就是说该公约是在承认和沿袭《伯尔尼公约》框架之下（第一条就明确"本公约给予保护将不更动也绝不影响文学和艺术作品的版权保护"）对表演者、音像制品制作者和广播组织对著作权的进一步的权利保护。

中国没有加入《罗马公约》，但是又要受到该公约的约束，这就涉及下文要分析的《与贸易有关的知识产权协定》（以下简称《知识产权协定》）。因该协定第 2 条涵盖了《罗马公约》的内容，因而中国作为世界贸易组织成员方，即使没有加入《罗马公约》，实际上也需履行该公约规定的义务。2010 年 11 月 12 日印发的《广播影视知识产权战略实施意见》明确指出世界知识产权组织的重要性。

《罗马公约》作出的最大贡献在于首次以国际公约的形式明确规定了表演者享有的权利，重点保护表演者对其表演的音像制品享有的专有权利。《罗马公约》中涉及电影法律规范的最关键内容是将"转播"定义为"一个广播组织的广播节目被另一个广播组织同时广播"。这就涉及网络融合系统不仅可以通过电信的宽带互联网实现对有线平台中的电影作品的实时传输，还能使观众对已播出的电影作品进行"回看"乃至"反复看"。2014 年，第 14 个世界知识产权日的主题为"电影——全球挚爱"，当年关于集合电信、广电、互联网三方优势的 IPTV 是否应当承担著作权侵权责任问题引起了争议。《罗马公约》也存在许多不足，比如对电影演员是不是在表演文学艺术作品的界定不明晰等。

（四）《知识产权协定》的相关规定

1986 年开始的关贸总协定乌拉圭回合谈判，首次将知识产权纳入议题，形成了《知识产权协定》。这是世界贸易组织管辖的一项多边国际贸易协定，也是世界贸易组织内最重要的协议之一，还是迄今为止对各国知识产权法律和制度影响最大的国际条约。《知识产权协定》规定成员不得背离《巴黎公约》《伯尔尼公约》《罗马公约》项下的相互承诺。21世纪以来，知识产权已经成为国际贸易的不可分割的重要组成部分，其中涉及的电影技术转让、电影产品商标的使用权、电影著作权许可等含有知识产权的产品在国际贸易中所占的比重逐年升高。《知识产权协定》充分考虑到知识产权保护水平高低直接决定了国际贸易是否会遇到阻力以及阻力大小，"强调通过多边程序达成加强的承诺以解决与贸易有关的知识产权争端从而减少紧张的重要性"。诚如该协议所言，其试图"在世界贸易组织与世界知识产权组织以及其他有关国际组织之间建立一种相互支持的关系"，从实践层面来看，《知识产权协定》对知识产权保护与经济贸易的结合确实得到了前所未有的加强。

电影产品在国际贸易中扮演的角色愈加重要，一方面推动了我国文化水平的提升，另一方面也已经成为我国参与全球经济的重要组成部分。尤其是21世纪以来，电影产品贸易逐渐成为文化大国国际贸易竞争的新领域，由于电影产品具有高附加值的特点，大规模的对外电影产品贸易常会带来丰厚的经济利润，并产生重大的文化社会影响，国际电影产品贸易也因而成为各国文化竞争和交流的重要渠道。2007年4月，美国贸易代表宣布：美国政府向世界贸易组织提出了针对中国的两项贸易诉讼，分别指责中国打击盗版不力和限制美国电影产品进入中国市场。美国以此为借口指责中国对WTO承诺的履行力度不够，其本质是逼迫中国开放音像制品市场，从而为美国电影产品等行业利益群体服务，其中好莱坞的美国电影行业巨头施加了诸多压力。此案反映了国际文化产品贸易的现实困境，亦即文化产品的贸易自由化和文化多样性二者的价值冲突和规则缺失。这就需要我们一方面积极参与相关的国际规则谈判，在国际规则层面构建合理的文化产品贸易规则，以有效地平衡两者的利益冲突，利用法律规则更好更快地提升我国文化产品的国际竞争力，促进我国国际文化产品贸易的发展。另一方面，需要我们利用法律规则解决国际文化产品贸易中产生的法律纠纷，为我国文化产品和服务走出去"保驾护航"，为维护我国的外贸利益，提供应有的法律支持。① 时隔多年，我们在电影等文化产品领域的相关贸易法律法规已经有了长足发展，但依然不成体系，电影等文化产品贸易规则的现状和存在的政策与规则之间的

---

① 张骞：《国际文化产品贸易法律规制研究》，中国人民大学出版社2013年版，第3页。

关系需要进一步理顺，相关电影法理论也应该进一步完善。而对《知识产权协定》的研究也应该引起电影从业者的广泛关注与深刻认识。

《知识产权协定》共七部分：第一部分"总则和基本原则"，第二部分"关于知识产权效力、范围和使用的标准"，第三部分"知识产权的实施"，第四部分"知识产权的取得和维持及当事人之间的相关程序"，第五部分"争端的防止和解决"，第六部分"过渡性安排"和第七部分"机构安排：最后条款"。《知识产权协定》比之前类似内容的国际公约的明显进步之处在于规定了WTO的一套特殊争端解决机制，包括磋商、专家组意见、上诉机构报告、和解、自觉执行、授权反报复等一系列步骤，具有明确的程序性与良好的可操作性。《知识产权协定》与之前其他的知识产权国际条约相比，具有三个显著特征：一是第一个覆盖了绝大多数公认类型的知识产权的多边条约，实体性规定和程序性规定皆备，明确规定世界贸易组织成员必须达到的最低保护标准，除在个别问题上允许最不发达国家在一定时期内延迟实施外，所有成员均不得有任何保留，该协议直接提升了全世界知识产权保护的水准。二是第一个对知识产权执法标准及执法程序作出规范的条约，明确划分了侵犯知识产权行为的民事责任、刑事责任以及保护知识产权的边境措施、临时措施等。

三是首次引入世界贸易组织的争端解决机制，用于解决各成员之间产生的知识产权纠纷，这就与过去的知识产权国际公约对参加国在立法或执法上违反规定时无法制裁相比更有贯彻力度。

《知识产权协定》涉及电影法的条款具体主要包括：第十一条出租权，即"至少就计算机程序和电影作品而言，一成员应给予作者及其合法继承人准许或禁止向公众商业性出租其有版权作品的原件或复制品的权利。一成员对电影作品可不承担此义务，除非此种出租已导致对该作品的广泛复制，从而实质性减损该成员授予作者及其合法继承人的专有复制权。就计算机程序而言，如该程序本身不是出租的主要标的，则此义务不适用于出租"。第十四条对表演者的保护，即"……表演者应有可能防止下列未经其授权的行为：固定其未曾固定的表演和复制该录制品。表演者还应有可能阻止下列未经其授权的行为：以无线广播方式播出和向大众传播其现场表演"。还有第五部分争端的防止和解决中对透明度的要求，等等。

（五）《世界知识产权组织版权条约》的相关规定

《世界知识产权组织版权条约》（以下简称《WIPO版权条约》），1996年12月20日由世界知识产权组织主持，有120多个国家缔结，其目的是应对国际互联网络环境下的数字技术对版权带来的风险与挑战。《WIPO版权条约》是《伯尔尼公约》第二十条意义下的专门协定，也就是《伯尔尼公约》具体内容的专门化规定，因而缔约各国都以承认《伯尔尼公约》的实体条款为前提。该条约的主要规定大致与世界贸易组织的《知识产权协定》的规定保持一致，仅有的例外体现在第二条有关版权保护范围、第四条有关计算机程序保护的方法、第五条有关数据汇编（数据库）的保护和第十条有关限制中。由此可见，我们也可以将《WIPO版权条约》看作对《伯尔尼公约》和《知识产权协定》的进一步发展与具体化的补充。2006年12月29日，第十届全国人民代表大会常务委员会第二十五次会议决定中国加入《WIPO版权条约》，并同时声明：在中华人民共和国政府另行通知前，《WIPO版权条约》不适用于中华人民共和国香港特别行政区和澳门特别行政区。2007年3月6日，我国向世界知识产权组织正式递交加入书，三个月后该条约在我国正式生效。

《WIPO版权条约》总计二十五条，由实体条款和行政管理条款以及议定声明三部分组成。实体条款主要包括该公约与《伯尔尼公约》的关系、版权保护的范围、对《伯尔尼公约》第2条至第6条的适用、计算机程序、数据汇编（数据库）、发行权、出租权、向公众传播的权利、摄影作品的保护期限、限制与例外、关于技术措施的义务、关于权利管理信息的义务、适用的时限和关于权利行使的条款。行政管理条款主要包括大会、国际局、成为本条约缔约方的资格、本条约规定的权利和义务、本条约的签署、本条约的生效、成为本条约缔约方的生效日期、本条约不得有保留、退约、本条约的语文和保存人。议定声明则主要是对条约中一些可能发生歧义的问题作进一步的详尽解释。

在互联网产业迅速发展的情况下,如何有效保护版权所有者在互联网环境下的正当权益,促进电影作品的合法传播已经成为各国版权保护所面临的突出问题。网络侵权盗版行为使电影产业的发展面临巨大压力和紧迫考验。中国加入《WIPO版权条约》后不断提高版权保护水准。该条约第八条规定"向公众传播的权利"适用于电影作品权利人,即"作品的作者应享有专有权,以授权将其作品以有线或无线方式向公众传播,包括将其作品向公众提供,使公众中的成员在其个人选定的地点和时间可获得这些作品"。2021年,上海市公安局严格执法,重拳打击长期侵害国外电影权利人和国内依法经营的电影作品网站权益的"人人影视字幕组"盗版网站,引起国内外电影行业的广泛关注。经上海市公安局调查发现,2018年起梁某某就陆续注册了武汉链世界科技有限公司和武汉快译星科技有限公司,并指使王某某招聘万某某等人作为网络技术、平台运营等工作人员,开发、运营"人人影视字幕组"网站及 Android、iOS、Windows、MacOSX、TV 等客户端，同时，梁某某还雇用谢某某等人组织专门人员对从境外网站下载的未经授权的大量电影作品进行翻译、加工制作并上传至相关服务器，通过其本人所经营的"人人影视字幕组"网站及相关客户端对用户提供免费在线观看电影和下载电影服务。该案入选了"2021 年中国版权十件大事"和最高人民法院发布的"2021 年中国法院十大知识产权案件"，该案例正是我国遵守并履行《WIPO 版权条约》的典型例证。

（六）《保护和促进文化表现形式多样性公约》的相关规定

《保护和促进文化表现形式多样性公约》是 2005 年 10 月 20 日联合国教科文组织在巴黎举行的第 33 届会议上通过的国际公约，其目的是保护和促进包括世界电影文化在内的文化多样性，中国与多数国家观点一致，始终积极支持和高度重视该公约的制定与通过。2006 年 12 月 29 日，第十届全国人民代表大会常务委员会第 25 次会议通过批准《保护和促进文化表现形式多样性公约》。该公约为在世界上营造一个公平的文化发展环境奠定了重要基础，其对发展中国家的文化发展起到了重要的国际示范效果，甚至如同其序言中所说："颂扬文化多样性对充分实现《世界人权宣言》和其他公认的文书主张的人权和基本自由所具有的重要意义"。

《保护和促进文化表现形式多样性公约》总计35条,附件共6条。内容主要包括:一是序言中对文化多样性的基本认识和意义的强调;二是确立了保护和促进文化表现形式多样性的目标、指导原则和适用范围;三是分别对"文化多样性""文化内容""文化表现形式""文化活动、产品和服务""文化产业""文化政策和措施""保护""文化间性"进行了定义;四是对缔约方的权利和义务涉及的一般规则与具体措施进行了明确规定,其中着重强调了国际合作的重要性;五是对该公约与其他法律文书的关系进行了确定,即相互支持和互为补充,但不存在隶属关系;六是对公约的机构的设立、职能进行规定,尤其是对政府间委员会,即对联合国教科文组织设立的"保护与促进文化表现形式多样性政府间委员会"的运行机制进行了具体说明;七是设计了争端解决机制,并对区域经济一体化组织的适用作出安排;附件中对调节程序进行了具体规定,主要包括调解委员会的成立、成员的任命等。

《保护和促进文化表现形式多样性公约》也是一份为电影发展与治理提供政策框架的国际公约。该公约对"文化多样性""文化内容""文化表现形式""文化活动、产品和服务""文化产业""文化政策和措施""保护""文化间性"的定义中皆包含电影在内,因而该公约实质上是承认电影作为经济和社会发展的重要文化推动力的特质,并确保全世界的电影艺术家、电影产业的专业技术人员和从业人员乃至每一位公民都能够创作、生产、传播并分享范围广泛的与电影有关的创意产品和服务。《保护和促进文化表现形式多样性公约》也成为我国政府在发展电影国际合作与交流方面的指导性文件。例如,2016年8月31日签署的《中华人民共和国政府与加拿大政府关于合作拍摄电影的协议》便是中国和加拿大遵守该公约第二条"指导原则"中的"国际团结与合作原则",并依据第十二条"促进国际合作"在合作摄制电影方面开展国际合作的具体落实。

(七)《视听表演北京条约》的相关规定

《视听表演北京条约》是世界知识产权组织管理的一项国际版权条约,其目的在于保护和发展表演者对其视听表演的权利。2012年6月,由世界知识产权组织主办,中华人民共和国新闻出版总署(国家版权局)和北京市人民政府承办的保护音像表演外交会议上,来自154个世界知识产权组织成员国和49个国际组织积极交流合作,正式签署《视听表演北京条约》,2014年4月24日,第十二届全国人民代表大会常务委员会第八次会议表决通过批准《视听表演北京条约》。该条约是第一个在中国诞生的国际知识产权条约,实质性提升了我国在保护知识产权方面的国际形象,增强了我国在知识产权领域的国际话语权，对于中国知识产权保护事业具有里程碑意义。《视听表演北京条约》名称中的"视听表演"一词与后来的《著作权法》中的"视听作品"保持了一致，也直接利于国际法和国内法的衔接一致。

《视听表演北京条约》缔结之前，国际社会在涉及对表演者权利的保护方面所做的努力主要集中体现在三个国际公约，即《罗马公约》《知识产权协定》《世界知识产权组织表演和录音制品条约》。这三个国际法律文件都对视听表演者提供了不同程度的关注与保护，保护水准和范围还存在欠缺。而《视听表演北京条约》由世界知识产权组织主办并管理，这又决定了该条约承认《罗马公约》和《世界知识产权组织表演和录音制品条约》的宗旨和精神内容，且只能与《世界知识产权组织表演和录音制品条约》发生关联，这也使得《视听表演北京条约》实际上成为国际社会在涉及对表演者权利的保护方面最具权威性的第四个国际公约。2020年4月28日，《视听表演北京条约》在中国正式生效，截至当日，批准或加入的国家已达31个。

《视听表演北京条约》充分保障电影演员在内的全部视听表演者的权利，以国际法的形式提高了电影演员的行业地位，进一步丰富了电影产品的保护范围，为电影产业和电影市场的健康发展保驾护航。

二、主要的双边条约

（一）以国家电影主管部门合作为内容的双边条约

1. 1986年12月4日签署的《中华人民共和国广播电影电视部和波兰广播电视委员会"波兰电台和电视台"广播电视合作协定》。该协定主要是对关于政治、经济、科学、文化和体育方面内容的"电视影片"的交换合作。

2. 1987年6月18日签署的《中华人民共和国广播电影电视部和保加利亚人民共和国电视广播委员会广播电视合作协定》。该协定与《中华人民共和国广播电影电视部和波兰广播电视委员会"波兰电台和电视台"广播电视合作协定》的规定基本相同。

3. 1994年3月7日签署的《中华人民共和国政府和阿塞拜疆共和国政府关于广播电影电视合作议定书》。该协定第一次在国家电影主管部门的双边条约中单独表述"电影"领域内的合作。

（二）以合拍电影为内容的双边条约

1. 1987年2月23日签署的《中华人民共和国政府和加拿大政府关于联合拍摄电影的协议》。该协议的主要内容包括：一是将"合拍片"定义为"双方共同投资拍摄的影片"；二是要求两国的所有合拍片"在两国国内都应视为国产影片";三是要求"合拍片的制作人、作者、导演及技师、演员和其他参与摄制的人员"必须是这两国公民,如果要聘请两国以外的人员参与必须经过两国主管部门同意;四是对每一个合拍项目中的双方所占资金比例幅度作出了限定;五是明确合拍片的版权属于双方合作制片人共有,发行收益的分配则依据各自的投资比例;六是对合拍片向有限额的国家出口时的情况作出了具体安排,即原则上合拍影片包含在投资比例大的一方的国家配额中,若投资比例等同时则协商解决,如果还存在问题则由导演所属国的国家配额解决。

2. 2010年4月29日签署的《中华人民共和国政府与法兰西共和国政府关于合作拍摄电影的协议》。法国是电影大国,与法国签订合拍电影的双边协议意义重大。该协议的主要内容包括:一是将"电影作品"定义设定了四个条件,即不论种类（故事、动画、纪录）、任何长度的任何载体、符合双方法律法规规定、首次发行地点为电影院;二是须经各自政府专管部门批准,我国的立项申请指定由中国电影合作制片工作受理;三是对摄制企业的注册予以明确;四是对摄制电影的艺术和技术合作人员的国籍进行了限定;五是要求完整的电影剧本在申请立项时便要提交主管部门审阅,而且办理公映许可证的前提条件是完成影片必须与批准的剧本"无本质差异";六是对投资比例幅度和收入分配比例进行了规定。

3. 2010年7月7日签署的《中华人民共和国政府与新西兰政府关于合作拍摄电影的协议》。这个协议实际上是2008年4月7日在北京签订的《中华人民共和国政府与新西兰政府自由贸易协定》中的服务领域的自由贸易中电影版块的落实与发展，应该说这个双边协议的法律严谨性比之前有了质的提高。该协议的主要内容包括：一是对"合作制片者""合拍影片"和"影片"进行了明确，特别之处是对"国民"和"居民"作出了具体说明；二是第一次在合拍电影双边条约中约定两国的合拍影片全面享受"不时生效的各自法律制定或可能制定的授予国产影片的所有权益"，这种趋势动态的开放性权益的享有很突出；三是合拍影片在开拍前需要获得"联合临时批准"，然后再由主管部门决定是否"最终批准"；四是对合作制片公司和个人的资质提出了具体要求；五是第一次认可与第三国的合拍影片，前提是该第三国与中国或新西兰已有电影合拍协议。

4. 2014年7月3日签署的《中华人民共和国政府与大韩民国政府关于合作拍摄电影的协议》。韩国是亚洲电影大国，与韩国签订合拍电影的双边条约有很现实的意义。该协议的主要内容与《中华人民共和国政府与新西兰政府关于合作拍摄电影的协议》相似，较为特别的内容主要体现在三个方面：一是要求合拍影片至少保证九成的素材是为影片专门拍摄的；二是双方共同促进合拍影片的全球发行，以增强在全球市场的竞争力；三是双方合作推动如电脑图像合成、虚拟实境（或）数字影院技术。

5. 2014年9月25日签署的《中华人民共和国政府与西班牙王国政府关于合作拍摄电影的协议》。该协议的主要内容包括：一是聚焦推动电影产业的发展；二是对"合作摄制"或"合作摄制影片"进行了包括时长在内的界定；三是出现西班牙电影与视听艺术协会对协议实施的主管身份；四是将技术和艺术人员明确为编剧、导演、作曲、剪辑、摄影指导、艺术指导、演员和录音师等人员；五是对多国参与联合拍摄的投资比例予以确定；六是对影片获得荣誉归属的确认依据进行规定；七是对影片的征税事宜进行了安排。

6. 2015年7月27日签署的《中华人民共和国政府与马耳他共和国政府关于合作拍摄电影的协议》。该协议的依据是基于之前的两个文件在电影领域合作的开展：第一个是1992年8月29日在北京签订的《中华人民共和国政府与马耳他共和国政府文化合作协定》，第二个是2014年7月9日在北京签订的《中华人民共和国政府与马耳他共和国政府合作中期规划谅解备忘录（2014—2019）》。该协议与《中华人民共和国政府与西班牙王国政府关于合作拍摄电影的协议》的规定类似。

7. 2015年10月26日签署的《中华人民共和国政府与荷兰王国政府关于合作拍摄电影的协议》。该协议与《中华人民共和国政府与西班牙王国政府关于合作拍摄电影的协议》规定的内容相似，较为独特的规定主要包括：一是对视为国产影片并授予利益的具体规定。二是要求涉及征税问题遵照2013年5月31日在北京签署的《中华人民共和国政府与荷兰王国政府对所得避免双重征税和防止偷漏税的协定》及议定书的相关规定；鼓励两国电影机构和个人就电影互相进口和发行对方影片以及赴对方境内拍摄和制作的交流与合作。

8. 2016年8月31日签署的《中华人民共和国政府与加拿大政府关于合作拍摄电影的协议》。该协议是双方依据联合国教科文组织于2005年10月20日在巴黎签订的《保护和促进文化表现形式多样性公约》开展的摄制电影的国际合作。该协议的特别内容主要包括：一是对"加拿大元素"和"中国元素"进行了界定；二是对"非协议方"和"第三方"进行了明确；三是双方对合拍影片的发行、放映等统计信息共享互惠。

9. 2017年5月3日签署的《中华人民共和国政府与丹麦王国政府关于合作摄制电影的协议》。该协议内容的新颖之处主要体现在：一是对"经核准的合作摄制影片""缔约方合作制片者""中国合作制片者""丹麦合作制片者""制作支出"等定义做出了明确界定；二是把给两国带来利益的电影制作贡献涵盖了整个拍摄过程的全部物资和服务的直接支出；三是首次对影片制作完成的评判标准明确为"已经达到一种被合理认为可以向公众发行或播出展示标准"。涉及征税问题要遵照 2012 年 12 月 27 日生效的《中华人民共和国政府与丹麦王国政府对所得避免双重征税和防止偷税漏税的协定》的条款。

10. 2017 年 6 月 8 日签署的《中华人民共和国政府与哈萨克斯坦共和国政府关于合作拍摄电影的协议》。该协议是在 2015 年 8 月 31 日签订的中哈政府文化人文合作协议的框架下制定，内容与之前签署的《中华人民共和国政府与新西兰政府关于合作拍摄电影的协议》相似。

11. 2017 年 6 月 12 日签署的《中华人民共和国政府与卢森堡大公国政府关于合作拍摄电影的协议》。该协议的大多数内容与之前签署的《中华人民共和国政府与丹麦王国政府关于合作摄制电影的协议》类似，只是在涉及征税问题时要遵照 1994 年 3 月 12 日在北京签订的《中华人民共和国政府与卢森堡大公国政府关于对所得和财产避免双重征税和防止偷税漏税的协定》。

12. 2017 年 7 月 4 日签署的《中华人民共和国政府与俄

罗斯联邦政府关于合作拍摄电影的协议》。该协议较为独特的内容包括：一是对"摄制组"定义为双方国家相关法律认可的人员；二是对于合作摄制影片针对每个具体项目而决定是否授予合作摄制影片国产电影的资格；三是对合作摄制影片双方的执行程序进行了具体明确。

13.2017年9月1日签署的《中华人民共和国政府与巴西联邦共和国政府关于合作摄制电影的协议》。该协议与之前签署的《中华人民共和国政府与西班牙王国政府关于合作拍摄电影的协议》规定内容类似。

第四章

电影法的制定、执行与适用

第一节　电影法的制定

一、法律制定的概念

法律制定是指一定的国家机关依照法定职权和程序,制定、修改后废止法律和其他规范性法律文件及认可法律的活动。[①]这里首先要厘清法律的制定与立法的关系。

立法有狭义和广义之分。狭义的立法就是指具有国家立法权的国家机关的立法活动,主体特指是国家的最高权力机关及其常设机关,也就是《宪法》第五十七条和第五十八条的规定:"中华人民共和国全国人民代表大会是最高国家权力机关。它的常设机关是全国人民代表大会常务委员会。""全国人民代表大会和全国人民代表大会常务委员会行使国家立法权。"《立法法》第十条也明确规定:"全国人民代表大会和全国人民代表大会常务委员会根据宪法规定行使国家立法权。全国人民代表大会制定和修改刑事、民事、国家机构的和其他的基本法律。全国人民代表大会常务委员会制定和修改除应当由全国人民代表大会制定的法律以外的其他法

---

① 高其才:《法理学》(第4版),清华大学出版社2021年版,第285页。

律；在全国人民代表大会闭会期间，对全国人民代表大会制定的法律进行部分补充和修改，但是不得同该法律的基本原则相抵触。全国人民代表大会可以授权全国人民代表大会常务委员会制定相关法律。"

广义的立法实际上与法律的制定是一致的，即一切有权的国家机关依法制定各种规范性法律文件的活动，① 既包括狭义的立法，还包括制定《立法法》第三章"行政法规"和第四章规定的"地方性法规、自治条例和单行条例、规章"制定立法，即第七十二条第一款："国务院根据宪法和法律，制定行政法规。"第八十条："省、自治区、直辖市的人民代表大会及其常务委员会根据本行政区域的具体情况和实际需要，在不同宪法、法律、行政法规相抵触的前提下，可以制定地方性法规。"第九十一条第一款："国务院各部、委员会、中国人民银行、审计署和具有行政管理职能的直属机构以及法律规定的机构，可以根据法律和国务院的行政法规、决定、命令，在本部门的权限范围内，制定规章。"本章节在研究探讨电影法的制定问题时指的是广义的立法。

二、电影法的制定情况

遵照《宪法》的根本规定，对照《立法法》的具体规

---

① 高其才：《法理学》（第 4 版），清华大学出版社 2021 年版，第 285 页。

定,从立法主体和法律文件的效力层级综合考虑,可以将我国现行电影法的制定主要分为四类:一是全国人民代表大会和全国人民代表大会常务委员会制定的法律;二是国务院制定的相关行政法规;三是各级地方政府制定的相关的地方性法规、自治条例和单行条例;四是国务院各部委单独或联合制定的或各级地方政府制定的相关规章。

(一) 全国人民代表大会和全国人民代表大会常务委员会制定的法律

与电影法有关的法律主要是指《立法法》第十一条中规定的:第一项"国家主权的事项",如中国参与某个与电影有关的知识产权国际公约;第四项"犯罪和刑罚",如2009年第十一届全国人民代表大会常务委员会第七次会议通过刑法修正案将《刑法》第二百零一条修改为:"纳税人采取欺骗、隐瞒手段进行虚假纳税申报或者不申报,逃避缴纳税款数额较大并且占应纳税额百分之十以上的,处三年以下有期徒刑或者拘役,并处罚金;数额巨大并且占应纳税额百分之三十以上的,处三年以上七年以下有期徒刑,并处罚金。"便涉及电影从业人员的税务问题等。

当前,1990年9月7日第七届全国人民代表大会常务委员会第十五次会议通过的《著作权法》、2016年11月7日第十二届全国人民代表大会常务委员会第二十四次会议通过的

《电影产业促进法》和《网络安全法》是全国人大常委会通过的构成电影法体系最基础的三大法律。其中的《著作权法》还历经了三次修改，分别是2001年10月27日第九届全国人民代表大会常务委员会第二十四次会议第一次修正、2010年2月26日第十一届全国人民代表大会常务委员会第十三次会议第二次修正和2020年11月11日第十三届全国人民代表大会常务委员会第二十三次会议第三次修正。

（二）国务院制定的相关行政法规

根据《立法法》的规定，国务院有权根据宪法和法律的规定制定行政法规，主要包括为执行法律规定的需要配套制定行政法规的事项和宪法规定的国务院行政管理职权的事项。《国务院组织法》对行政法规的决定程序还有相关规定，如第五条要求国务院发布的行政法规需由总理签署，再如第十条规定国务院的部、委员会可以在本部门的权限内发布规章等。这部分以条例形式出现的行政法规许多涉及电影法，却很容易被忽略。

当前，国务院制定的与电影法体系密切相关的行政法规主要有：2001年12月12日国务院第50次常务会议通过的《电影管理条例》、2003年4月16日国务院第5次常务会议讨论通过的《工伤保险条例》（2010年修订）、2004年10月26日国务院第68次常务会议通过的《劳动保障监察条例》、

2004年12月22日国务院第74次常务会议通过的《著作权集体管理条例》（2010年、2013年修订）、2006年5月10日国务院第135次常务会议通过的《信息网络传播权保护条例》（2013年修订）、2007年1月31日国务院第167次常务会议通过的《商业特许经营管理条例》、2019年10月8日国务院第66次常务会议通过的《优化营商环境条例》、2019年12月12日国务院第74次常务会议通过的《外商投资法实施条例》、2020年12月21日国务院第119次常务会议通过的《防范和处置非法集资条例》、2021年4月14日国务院第131次常务会议通过的《市场主体登记管理条例》、2022年9月26日国务院第190次常务会议通过的《促进个体工商户发展条例》等。

（三）各级地方政府制定的相关的地方性法规、自治条例和单行条例

根据《立法法》的规定，省、自治区、直辖市的人民代表大会及其常务委员会根据本行政区域的具体情况和实际需要，可以制定地方性法规。对于设区的市的人民代表大会及其常务委员会而言，也可以根据本市的具体情况和实际需要对部分事项有制定地方性法规的权力。可以制定地方性法规的事项有两类：一是为执行法律、行政法规的规定，需要根据本行政区域的实际情况作具体规定的事项；二是属于地方性事务需要制定地方性法规的事项。同时，民族自治地方的人民代表大

会也有权依照当地民族的政治、经济和文化的特点实际情况，制定自治条例和单行条例。

当前，重点发展电影产业的省市往往会制定与电影法相关的地方性法规、自治条例或单行条例。例如，2021年12月1日海南省第六届人民代表大会常务委员会第三十一次会议通过的《海南自由贸易港知识产权保护条例》。再如，2015年12月25日青岛市第十五届人民代表大会常务委员会第三十二次会议通过的《青岛市商品流通市场建设与管理条例》便有支持包括电影公司在内的中小企业公共服务平台的规定，并加强对这些中小流通企业在市场开拓、管理咨询、法律咨询、融资担保等方面提供必要的专业服务和指导等。

（四）国务院各部委单独或联合制定的或各级地方政府制定的相关规章

根据《立法法》和《国务院组织法》的相关规定，国务院各部、委员会有权可以在本部门的权限内发布规章。当涉及两个以上国务院部门职权范围的事项时，应当提请国务院制定行政法规或者由国务院有关部门联合制定规章。省、自治区、直辖市和设区的市、自治州的人民政府也有权对两类事项制定规章：一类是为执行法律、行政法规、地方性法规的规定的现实需要，还有一类是属于其行政区域的具体行政管理事项。

当前，国家电影局负责管理电影行政事务，因国家电影局行政权力主体权责范围多有变动，且隶属机构关系也有多次调整，但其制定的电影法相关规章最多：例如 2003 年 10 月 27 日国家广播电影电视总局制定的《国产电影片字幕管理规定》。还有涉及两个以上国务院部门职权范围的事项时由国务院有关部门联合制定的规章，例如 1981 年 10 月 13 日国务院批准的文化部和海关总署联合制定《进口影片管理办法》，再如 2010 年 6 月 29 日国家广播电影电视总局和国家档案局联合制定的《电影艺术档案管理规定》等。

第二节　电影法的执行

一、法律执行的概念

法律的执行是指国家行政机关和监察机关、法律授权组织、行政机构委托组织在行使行政管理职权的过程中，依照法定职权和程序，贯彻实施法律的活动。实际上，这是狭义的法律的执行，广义上则泛指国家行政机关、监察机关、司法机关和法律授权、委托组织，按照法定职权的程序，贯彻实施法律的活动。① 本章节在研究探讨电影法的执行问题时指的是狭义的立法。

二、电影法的执行情况

(一) 政府的法律执行

我国法律的执行系统中最主要也是最重要的组成部分是政府的法律执行，既包括中央人民政府——国务院的法律执行，也包括地方各级人民政府的法律执行。《宪法》第八十五条明确规定："中华人民共和国国务院，即中央人民政府，是最高国家权力机关的执行机关，是最高国家行政机关。"第八十九条对国务院的职权进行了界定，与电影法直接相关的内容有：一是对教育、科学、文化等工作的领导和管理；二是对民政、公安、司法行政等工作的领导和管理；三是对对外事务的管理，包括同外国缔结条约和协定。电影法涉及电影教育、电影技术和电影文化的内容，同时涉及电影专业社会团体的民政登记、公安对文化市场的执法等司法行政工作，还涉及与电影有关的国际条约和协定的缔结问题。2021年修订的《行政处罚法》第十八条第一款明确规定国家在文化市场等领域推行建立综合行政执法制度，第二款还规定"国务院或者省、自治区、直辖市人民政府可以决定一个行

---

① 高其才：《法理学》（第4版），清华大学出版社2021年版，第310页。

政机关行使有关行政机关的行政处罚权"。《行政强制法》第二条还规定:"……行政强制执行,是指行政机关或者行政机关申请人民法院,对不履行行政决定的公民、法人或者其他组织,依法强制履行义务的行为。"

(二)政府职能部门的法律执行

政府职能部门的法律执行是我国法律的执行中数量最多的,既包括中央人民政府——国务院的下属机构,还包括地方各级人民政府的下属机构。不论政府层级,按系统分类,与电影法有关的我国政府职能部门主要包括:外交部门、教育部门、公安部门、国家安全部门、司法部门、民政部门、财政部门、劳动和社会保障部门、信息产业部门、商务部门、文化部门、国有资产监督管理部门、税务部门、工商行政管理部门、广播电影电视部门、知识产权部门等。其中,法律执行权力最为集中、最为直接的就是国家电影局。《电影产业促进法》第四十七条规定擅自从事电影摄制、发行、放映活动的,由县级以上人民政府电影主管部门予以取缔,没收电影片和违法所得以及从事违法活动的专用工具、设备,并予以罚款。第五十条规定"承接含有损害我国国家尊严、荣誉和利益,危害社会稳定,伤害民族感情等内容的境外电影的洗印、加工、后期制作等业务的",如果情节严重,"由电影主管部门通报工商行政管理部门,由工商行政管理部门吊销营业执照"。《著作权法》第七条也对政府职能部门的法律执行进行了明确:"国家著作权主管部门负责全国的著作权管理工作；县级以上地方主管著作权的部门负责本行政区域的著作权管理工作。"该法第五十五条第一款还规定:"主管著作权的部门对涉嫌侵犯著作权和与著作权有关的权利的行为进行查处时,可以询问有关当事人,调查与涉嫌违法行为有关的情况；对当事人涉嫌违法行为的场所和物品实施现场检查；查阅、复制与涉嫌违法行为有关的合同、发票、账簿以及其他有关资料；对于涉嫌违法行为的场所和物品,可以查封或者扣押。"《治安管理处罚法》第三十九条规定影剧院的经营管理人员需要遵守安全规定,一旦引起该场所发生安全事故危险,由公安机关责令改正,拒不改正的,处五日以下拘留。《广播电视行政处罚程序规定》第十四条对执法人员回避的情况进行了具体规定。

（三）法律授权组织的法律执行

法律授权组织的法律执行是我国法律的执行系统中的组成部分,但其法律执行的权限受到严格限制。《行政处罚法》第十九条明确规定:"法律、法规授权的具有管理公共事务职能的组织可以在法定授权范围内实施行政处罚……"这里包括中国电影家协会这类具有管理公共事务职能的人民团体组织,也包括中国编剧协会、中国电影导演协会、中国影视演员协会、中国电影制片人协会、中国电影发行放映协会和中国电影著作权行业协会等社会团体组织。自 2004 年 8 月 1 日起施行的《国家广播电影电视总局行政许可实施检查监督暂行办法》第四条对行政许可的信息公开提出要求，第四项明确指出"授权实施行政许可的组织和被授权实施行政许可的内容"应当公示。根据《消费者权益保护法》第三十七条的规定，消费者协会和依法成立的其他消费者组织依照法律、法规及其章程的规定，开展保护消费者合法权益的活动。近些年，消费者协会在保护观影消费者的权益方面作出了许多努力，其中包含大量的依照《消费者权益保护法》授权其进行的法律执行活动。

（四）行政委托组织的法律执行

行政委托组织的法律执行也是我国法律的执行系统的组成部分，也是最容易被忽略的法律执行。《行政处罚法》第二十条明确规定：行政机关可以在其法定权限内书面委托符合条件的组织进行法律执行，但有两个前提条件：一是行政机构必须依照法律、法规、规章的规定进行委托，二是被委托的组织必须是依法成立并具有管理公共事务职能，该组织必须有熟悉相关的法律、法规、规章和业务并取得行政执法资格的工作人员，而且如果是需要进行技术检查或者技术鉴定的则要有条件组织进行相应的技术检查或者技术鉴定。行政机关委托的组织和范围十分广泛,既包括事业单位、企业单位,有些时候还包括某些私人组织。《国家广播电影电视总局行政许可实施检查监督暂行办法》第四条第五项明确规定"受委托的行政机关和受委托实施行政许可的内容"应当公示。2021年12月1日,国家广播电视总局发布的《广播电视行政处罚程序规定》第六条规定:"县级以上广播电视行政部门可以根据工作需要,在法定权限内以书面委托书形式委托符合《中华人民共和国行政处罚法》规定的组织实施行政处罚……"这里的规定显然是行政委托组织的法律执行。《中国电影发行放映协会章程》第七条第五项规定该协会的业务范围包括:"经政府有关部门批准,开展技术质量等级评定和影院星级评定工作。"中国电影发行放映协会还定期对被举报严重违规电影院进行情况通报。

第三节 电影法的适用

一、法律适用的概念

法律的适用,一般是指国家司法机关根据法定权限和法定程序而采取的具体应用法律以处理相关案件的专门性活动。

在社会生活中，只要每个人遵照法律行使权利和履行义务，那么法律自然就会得到良好地运行。但是，当社会关系中的某些法律关系出现无法协调和解决的争议时，就需要司法机关来适用法律，解决争端，给予惩罚，并予以救济。从这个角度来看，法律的适用是社会机制正常运行的现实需要。

法律的适用具有以下特性：一是权威性，也就是只有特定的国家机关及其工作人员才能依法进行法律的适用，我国的各级人民法院和人民检察院就是进行法律适用的专门机关；二是程序性，也就是专门机关进行法律适用时必须遵守法定程序，这也是法律正义得以实现的必要保证；三是强制性，也就是法律适用的专门机关以国家强制力为后盾保障法律适用的效果，所有当事人必须遵照执行。根据《立法法》的规定，法律的适用还需要坚持四个原则：一是上位法优于下位法；二是特殊法优于普通法；三是新法优于旧法；四是一般不溯及既往。

二、电影法的适用情况

（一）法律适用的专门机构的发展

与电影法有关的法律适用问题，根据《民事诉讼法》《刑事诉讼法》和《行政诉讼法》的具体规定处理，其中涉及刑事案件的，由人民检察院提起公诉，其他案件皆可由当事人依据法律规定自行要求人民法院进行处理。值得一提的是，近年来，电影法的适用因为这些年知识产权法院（法庭）的成立而受到更多的重视。

2013年11月12日，中国共产党第十八届中央委员会第三次全体会议通过的《中共中央关于全面深化改革若干重大问题的决定》中提出"加强知识产权运用和保护，健全技术创新激励机制，探索建立知识产权法院"。为了妥善协调法律适用与法律执行之间的关系，发挥法律适用对知识产权保护的主导作用，2014年8月31日，十二届全国人大常委会第十次会议表决通过了全国人大常委会关于在北京、上海、广州设立知识产权法院的决定。2020年12月31日，海南自由贸易港知识产权法院正式办公。2022年度知识产权保护的六大典型案例中，有陈某某以营利为目的，通过购买域名、租用境外服务器，自行搭建魅力社网站，以及通过苹果CMS视频管理系统，从"最大资源网"等网站收集电影作品，链接到魅力社网站供公众观看，未经著作权人许可，向公众传播他人电影作品的案例。魅力社网站内的VIP电影、福利电影等栏目的电影作品均需通过注册会员账号登录播放。

（二）法律适用在电影法中的体现

电影法的核心法律，《著作权法》和《电影产业促进法》对法律适用有专门的条款予以说明和规定。如《电影产业促进法》第五十八条规定："当事人对县级以上人民政府电影主管部门以及其他有关部门依照本法作出的行政行为不服的，可以依法申请行政复议或者提起行政诉讼。其中，对国务院电影主管部门作出的不准予电影公映的决定不服的，应当先依法申请行政复议，对行政复议决定不服的可以提起行政诉讼。"这里提到的当事人提起的行政诉讼，就涉及司法机关对法律的适用。再如，《著作权法》第五十四条第四款和第五款规定对侵犯著作权或者与著作权有关的权利的，"人民法院为确定赔偿数额，在权利人已经尽了必要举证责任，而与侵权行为相关的账簿、资料等主要由侵权人掌握的，可以责令侵权人提供与侵权行为相关的账簿、资料等；侵权人不提供，或者提供虚假的账簿、资料等的，人民法院可以参考权利人的主张和提供的证据确定赔偿数额。人民法院审理著作权纠纷案件，应权利人请求，对侵权复制品，除特殊情况外，责令销毁；对主要用于制造侵权复制品的材料、工具、设备等，责令销毁，且不予补偿；或者在特殊情况下，责令禁止前述材料、工具、设备等进入商业渠道，且不予补偿"。这实际上规定了司法机关在对涉及著作权法（含电影作品的有关权利）的具体问题时的法律适用。该法第五十八条还规定："人民法院审理案件，对于侵犯著作权或者与著作权有关的权利的，可以没收违法所得、侵权复制品以及进行违法活动的财物。"

第五章

电影法运行的法律机制

第一节 概 论

2001年12月12日国务院第50次常务会议通过并公布的《电影管理条例》是21世纪以来我国对电影立法中第一部规定较为全面的行政法规。《电影管理条例》的内容分为：第一章"总则"，第二章"电影制片"，第三章"电影审查"，第四章"电影进口出口"，第五章"电影发行和放映"，第六章"电影事业的保障"，第七章"罚则"。其中的"电影制片""电影审查""电影进口出口""电影发行和放映"和"电影事业的保障"是五个涉及电影的行政管理的环节。我国电影又经过十五年的发展，尤其是电影作品的著作权保护逐渐引起重视、电影产品逐渐增多、电影产业规模逐渐升级、电影市场逐渐成熟，我国对电影的认识整体上有了质的提升，对电影法的研究也逐渐深入。在此背景下，2016年11月7日，第十二届全国人民代表大会常务委员会第二十四次会议通过了《电影产业促进法》。这是现行电影法体系中的专门性制定法中最为全面的一部法律，其内容分为：第一章"总则"，第二章"电影创作、摄制"，第三章"电影发行、放映"，第四章"电影产业支持、保障"，第五章"法律责任"，

第六章"附则"。《电影产业促进法》显然是依据"电影创作、摄制""电影发行、放映"和"电影产业支持、保障"三个主要部分予以考虑和安排的,进行了总体上的阶段性划分。

电影作品、电影产品、电影产业与电影市场都需要电影法的规范与指引,中国当下对电影法的运行主要是通过分阶段的法律机制展开分析。有研究将电影法运行的法律问题主要分为四个阶段:第一个是电影筹备阶段;第二个是电影摄制阶段;第三个是电影发行阶段;第四个是电影放映阶段。在这四个主要阶段划分的基础之上又分别介绍中国的电影审查制度、电影融资和演艺经纪合同所涉及的法律问题等。[①]这种依据立法的发展成熟而衍生的研究观点具备其合理性,也是电影法实用性和可操作性的内在要求。笔者结合我国现行立法经验和相关实践,将对电影法运行机制的研究总体上也按照三个阶段进行具体分析,即电影创作与摄制阶段、电影宣发与放映阶段、电影产业支持与保障阶段。

---

① 参见刘承韪:《娱乐法导论》,中国政法大学出版社2021年版,第39页。

第二节　电影创作与摄制阶段运行的法律机制

一、电影剧本创作的法律机制

（一）电影编剧的著作权法律机制

《电影产业促进法》第十二条表明国家鼓励电影剧本创作，并提倡在题材、体裁、形式和手段等多方面的创新，也支持开展电影剧本有关的学术研讨和业务交流。剧本，一剧之本。一部电影从一部剧本起步，而剧本需要由有专业技能的人创作完成。《中国大百科全书》（第三版）将剧本定义为："以代言体方式为主表现故事情节的文学样式，是戏剧演出的文字依据。"[1] 而创作电影剧本者则为电影编剧。其实，在19世纪末电影诞生时是没有电影编剧的，电影编剧是电影分工制度的产物。随着有声电影的出现，电影剧本自动跃居首要的地位[2]，编剧也随之在电影作品中起到了绝对主导作用，这一点在当时各国的立法中都有不同程度的体现。

---

[1]《中国大百科全书》（第三版）网络版：https://www.zgbk.com/，2023年4月17日访问。

[2]［匈牙利］贝拉·拉巴兹：《电影美学》，何力译，中国电影出版社1979年版，第264页。

1690年，英国法哲学家洛克在《政府论》中写道："作者在创作作品时花费的时间与劳动，与其他劳动成果的创作人的花费没有什么不同，因此作品也应当像其他劳动产品一样，获得应有的报酬。"[①] 编剧的著作权的保护主要体现在《著作权法》中对编剧的人身权、财产权、邻接权的保护。许多电影导演本人就是电影剧本作者，这种趋势也愈加明显。如果电影编剧和导演不是同一个人，那么在电影拍摄前期就涉及导演对电影剧本的选择、接受和修改的问题。如果是从电影导演中心制观念出发的话，导演还要写自己对剧本的理解并向整个剧组成员阐述清楚。《中国大百科全书》（第三版）将导演定义为："把文学剧本搬上银幕使其成为影视作品的主要艺术家，影视制作的核心人物，影视作品思想、风格、表现技巧的掌舵人。"[②] 该定义显然突出了导演中心主义，即像现在许多国家现实中表现出的那样，导演几乎成为无可争议的电影作品作者的"主人"，其作用俨然超越了其他一切人员。就如同，我们现在似乎也都已习惯大屏幕上出现的工作人员中以"××导演作品"为大收尾。当初是这样吗？现在这样合情理抑或合法吗？我们知道，电影诞生初期，制作都比

[①] ［英］洛克：《政府论》（下篇），叶启方、瞿菊农译，商务印书馆1964年版，第17—18页。

[②] 《中国大百科全书》（第三版）网络版：https://www.zgbk.com/，2023年4月17日访问。

较简单，电影分工制度也未成熟，创作者很可能既是编剧，又是导演，还是布景，甚至自己出演，后期还需要自己剪辑。但是，电影产业发展到现在，电影分工制度已经建立，虽然依然存在着一专多能的导演，但是一部成熟的电影早已是各电影技术工种集成作战的成果，一部成功的电影更是全产业链沟通合作的结果。我们承认，导演尤其是电影导演对电影作品的创作和完成具有的不可替代的重要作用，但字幕以"××导演作品"收尾是否合适？一时间，诸多导演比电影明星还像明星，甚至有的电影明星取得一定知名度后也一定要自己执导一部作品，似乎只有身兼导演的身份才能证明自己的艺术造诣。众所周知，电影作品是七大艺术门类中需要集合不同专长的人最多、涉及工种最复杂的，也就是说一部电影作品最终呈现在观众面前，导演是否可以代表所有方面和环节的创作者而将作品冠名为"××导演作品"，笔者持保留意见。尤其是近些年，编剧作为剧本的作者，也是电影作品的合作创作者，其作者身份时常被排除在电影作品作者之外，甚至许多时候连最基本的署名权都得不到保证，这于鼓励电影艺术创作的情怀和电影市场的健康发展实属不利。

（二）电影剧本（梗概）备案的法律机制

《电影产业促进法》第十三条要求将要拍摄的电影剧本梗概必须提前向国务院电影主管部门或者省、自治区、直辖市人民政府电影主管部门备案，其中若涉及重大题材或者国家安全、外交、民族、宗教、军事等方面题材的，应当按照国家有关规定将电影剧本报送审查。2017年底修正的《电影剧本（梗概）备案、电影片管理规定》对电影剧本（梗概）的备案手续需要提供的材料和程序进行了常规性的规定，但对三类特别影片有不同的剧本立项审查要求：第一类是拍摄重大革命和重大历史题材影片，需按照关于重大革命和重大历史题材电影剧本立项及完成片的管理规定办理；第二类是拍摄重大文献纪录影片，需按照关于重大文献纪录影片的管理规定办理；第三类是中外合作摄制影片，需按照关于中外合作摄制电影片的管理规定办理。申请电影剧本（梗概）备案的是制片单位，即拟摄制电影的法人或其他组织。

二、制片单位统筹电影项目的法律机制

（一）组建电影剧组的法律机制

代表制片单位具体负责工作的人即为制片人。在电影创作与摄制阶段，制片人都发挥了最突出的作用，可以称得上是一部影片从无到有的全局统筹大管家。《中国大百科全书》（第三版）中认为电影制片人既需要很高的艺术造诣，也需要有经营策划的水平，还得有资源整合与市场运作的能力。电影制片人常常全面负责选择题材、拟订电影主题、组织管

理、选择导演和演员，而且在后期还要负责电影的宣传、发行和推广。[①] 一名优秀的制片人至少应该谙熟电影法各方面制度规范，比如要与编剧、导演、摄影师、录音师等签订一系列不同的合同，在电影拍摄过程中要预防和应对突发事件的发生，在遇到演员因为拍摄受伤等事故的情况下，还要处理一系列的法律问题。制片人要控制整个制片过程，并把个人的创造力与经济考虑结合起来。《电影管理条例》第八条对制片单位的设立条件进行了规定，第十一条还规定："电影制片单位以其全部法人财产，依法享有民事权利，承担民事责任。"显然，电影制片单位权责一致，其作用和责任自然也十分重大，其中还包括了决定一部电影是否能够完成的关键因素——资金问题。

（二）电影摄制投融资的法律机制

电影发展到今天，已经不是单纯的艺术形式，其商品性决定了每一部电影都需要资金，这自然就涉及了电影投融资问题。这些年来，许多行业也都开始涉足电影投资，其中比较活跃的是一些科技互联网企业，比如小米成立小米影业，360金融开设电影工作室，阿里巴巴、腾讯、百度等也以各种形式投资电影。其实，大型互联网企业投资电影拥有两方

[①] 《中国大百科全书》（第三版）网络版：https：//www.zgbk.com/，2023年4月17日访问。

面的天然优势：一是拥有先进技术；二是拥有海量数据。电影产业如要发展就必然需要更多的资金投入，而投资合法合规可以规避投资电影的风险，规范电影投资全流程的法律保障势在必行。电影是许多人的脑力劳动和体力劳动共同创造出来的。如果说劳动创造价值是真理，那么创作者就应该获得更多的收益，以激励其创作更多的作品。表面上，大家对此都认可，"其实，鼓励创作一直是投资者主导立法的一种遮掩，激励机制的真正目的是在著作权法中确立财产权的优势地位，通过信息的产权化和著作财产权的配置来实现投资利益的最大化。事实上，著作权激励机制乃是通过权力配置来激励对信息生产与传播的投资，而非激励生产与传播本身。不可否认，正是对投资的激励，使得著作权逐渐向传统财产权靠拢，最终得以成为财产权制度中的一员。"[①] 笔者认为，激励电影投资也好，激励电影创作也罢，其实二者没有非此即彼的绝对对立关系。在成熟稳健的电影产业中，创作只有与市场需求匹配，创作、制作和传播的成本问题自然会得到解决，在此过程中投资人获利，进而才愿意在创作环节上投入更多资金。也就是说，电影创作者和电影投资者从本质上来看，实际上应该是利益共同体，两者要么相互助力共同获

---

① 熊晖：《著作权激励机制的法律构造》，中国人民大学出版社2011年版，第23—24页。

利,要么此消彼长长期衰落。优秀的制片人需要做的就是将好的电影作品与优良的电影投资优化组合到一起。还有许多具有国际视野的制片人将电影需要的投资放眼到整个世界资本市场,以具体的电影项目促成了一个个跨境投资的完成。

(三) 电影摄制专业人员的相关法律机制

一部作品,一定是由一个人或几个人创作的,一部电影一般情况下除了编剧和导演外,演员、摄影师、录音师、剪辑师、美术师、道具师、布景师、灯光师、造型师等具有专业技能的人员的权利也要得到重视和法律保护。《罗马公约》第三条第(甲)项规定:"'表演者'是指演员、歌唱家、音乐家、舞蹈家和表演、歌唱、演说、朗诵、演奏或以别的方式表演文学或艺术作品的其他人员。"但该公约并不适用于电影演员,因为该公约第19条将表演活动复制下来的做法排除在外。2012年在北京召开了"保护音像表演外交会议"并通过了《视听表演北京条约》,该条约填补了视听表演领域全面版权保护国际条约的空白,赋予了电影作品的表演者依法享有许可或禁止他人使用其在表演作品时的形象、动作、声音等一系列表演活动的权利,而且词曲作者和歌手等声音表演者享有的复制、发行等权利也同样适用于电影演员。电影演员凭借其演技和名人产生的社会心理效应,对带动电影产业的发展具有重要作用。随着国际电影市场的飞速发展,电影海外发行已成为文化输出和产品贸易的重要组成部分。电影演员作为电影产业中的重要参与者，持续引发国家和社会对该群体价值的思考。我们对于电影演员引发的法律风险要有可控的约束制度，同时也要对电影演员的发展权利进行保障和鼓励。《电影产业促进法》第九条要求电影行业组织依法制定行业自律规范，加强职业道德教育，维护其成员的合法权益，同时也要求演员、导演等电影从业人员坚持德艺双馨，遵守法律法规，尊重社会公德，恪守职业道德，加强自律，树立良好社会形象。成立于2006年的中国影视演员协会的章程首先确定其宗旨就是要"遵守宪法、法律、法规和国家政策"。

三、电影审查的法律机制

《电影管理条例》第二十四条第一款明确规定："国家实行电影审查制度。"制片单位需主动登录国家电影局官网"电影电子政务平台"填写"影片送审"栏，并按要求提交材料。《电影产业促进法》第十八条规定我国的电影审查实行专家评审制度。该制度要求包括专家库中的专家和根据电影题材特别聘请的专家的人数不能少于五人，并最终形成评审意见。如果对专家评审意见有异议，可以另行组织专家组再次进行评审。第二十条严禁没有通过电影审查的影片擅自发行、放映，禁止通过互联网、电信网、广播电视网等信息网络进行传播，还禁止制作成为音像制品。一般情况下，未通过审查的电影在内容上很可能出现了以下内容：一是违反宪法确定的基本原则，煽动抗拒或者破坏宪法、法律、行政法规实施；二是危害国家统一、主权和领土完整，泄露国家秘密，危害国家安全，损害国家尊严、荣誉和利益，宣扬恐怖主义、极端主义；三是诋毁民族优秀文化传统，煽动民族仇恨、民族歧视，侵害民族风俗习惯，歪曲民族历史或者民族历史人物，伤害民族感情，破坏民族团结；四是煽动破坏国家宗教政策，宣扬邪教、迷信；五是危害社会公德，扰乱社会秩序，破坏社会稳定，宣扬淫秽、赌博、吸毒，渲染暴力、恐怖，教唆犯罪或者传授犯罪方法；六是侵害未成年人合法权益或者损害未成年人身心健康；七是侮辱、诽谤他人或者散布他人隐私，侵害他人合法权益；八是法律、行政法规禁止的其他内容。摄制完成的电影通过审查后，方可取得电影公映许可证。

第三节　电影宣发与放映阶段运行的法律机制

一、电影宣传发行的法律机制

（一）电影宣传的法律机制

传统的电影宣传手段包括：在户外各类平面媒体上投放海报，在各类流媒体上安排预告短片；在电影院售票大厅提前摆放海报，或在播放其他电影前插入预告短片；在各类电影杂志及其他电影媒体上发布影评进行推广；在电视台投放预告片，在各大视频网站的热播影片前插入预告广告；在各地试映，提前预热口碑，预售电影票；电影导演或主演的粉丝团体自发拉高电影话题热度；等等。这些年，电影观众的审美水平普遍提高，并不容易被简单传统的宣传方式吸引，某种类型话题的爱好者在网络上和线下也形成了许多自己的交流渠道与机制。这些年做得比较专业的电影宣传的是"全国艺术电影放映联盟"，其统一协调组织的观影团覆盖全国几十个城市，观影团群主共同执行活动方案，并配以组织学术沙龙、主创见面会等多种多样的形式为影片实现口碑传播的宣传效果。《广告法》对电影宣传起到了规范作用。比如，

2020年5月海南第一中级人民法院对琼海一家电影公司违反《广告法》相关禁止性规定进行宣传作出判决，对其处以5万元罚款。案件起因是2018年12月4日，琼海一家电影公司为庆祝店庆，在其经营的影院门口放置一块易拉宝式广告牌，内容有"店庆12月打造本市最低观影价"的话语，违反《广告法》第九条包含的广告不得"使用'国家级'、'最高级'、'最佳'等用语"的情形。[①]

(二) 电影发行的法律机制

电影发行是指拍摄完成的电影作品的出售、出租等活动，其主体是电影发行企业。《电影产业促进法》第二十四条对从事电影发行活动的主体资格需要具备的人员、资金条件以及审批程序进行了规定。电影发行经营许可证的审批机关为国务院电影主管部门或者所在地省、自治区、直辖市人民政府电影主管部门。电影发行实际上是电影投资接受第二轮现实考验的过程，也就是说电影发行得好，票房取得成绩好，之前的投资才有保障。电影发行具有不可替代的承前启后的作用：前承着电影作品，后接着广大观众等电影产品消费者。我国传统的电影发行模式具有垄断性质，这实际上会给许多

[①] 详见《琼海市市场监督管理局与琼海中影电影城有限公司行政处罚二审行政判决书》，载海南省第一中级法院官网：http：//hnyzy.hicourt.gov.cn/preview/article? articleId＝01f53c69-e51d-45d8-a36b-05f18fdb77e1&siteId＝a295fe6b-d6b1-4ee7-b8a8-181c781bd891，2023年4月20日访问。

电影带来风险，譬如 2016 年 7 月上映的电影《摇滚藏獒》因为资本对排片的决定性作用，导致票房不佳。国内现阶段存在投资方和电影院如果同属一家电影企业时，随着这家企业电影院规模的持续扩大，相当于在发行阶段的排片时会拥有不可比拟的优势。电影发行还存在一个问题是电影类型的丰富增长与电影院排片选择的局限之间产生的矛盾，最常见的就是商业大片在各大电影院铺天盖地，文艺片却毫无立足之地。中国也开始探索分线发行的可行性，并取得了明显成效。2016 年，在国家电影局的支持下，中国电影资料馆牵头，成立"全国艺术电影放映联盟"（以下简称全国艺联），便是一次在电影宣发方面探索分线发行的成功尝试。不同于商业大片的"广泛发行"，全国艺联的影片往往不采取短时间内大规模上映的模式，而是在加盟影院优先上映艺术影片，凭借差异化的内容、持续升温的口碑、细水长流地维持排片和上座率，既享受到长期密钥的支持，又延长了影片的院线生命。中国电影资料馆官网数据显示：截至 2022 年，已有 2914 家影院 3489 块银幕加盟全国艺联，共覆盖 308 座城市。① 电影发行过程中还有一个近些年引起关注的风险点便是互联网企业对电影票补的行为。电影票补由来已久，但之

---

① 中国电影资料馆官网：https://www.cfa.org.cn/eportal/ui?pageId=7a2c97ce176f4719bc00652b4d06fda8，2023 年 4 月 20 日访问。

前只是停留在制片方拿一部分预算以补贴票价的形式做促销，但是随着这些年互联网企业对电影票务市场的重视，最终形成了电影制片方和互联网电影票务企业一起对电影票进行价格补贴，有些时候甚至到了倒贴的地步。电影票补的极端做法涉嫌违反《反不正当竞争法》，该法第一条就明确了制定该法的目的是保障和促进社会主义市场经济健康发展，鼓励和保护公平竞争，对不正当竞争行为的制止与打击就是保护经营者和消费者的合法权益。

二、电影放映的法律机制

（一）电影院设立和管理的法律机制

《电影产业促进法》第二十四条对从事电影放映活动的主体资格需要具备的人员、场所、技术和设备条件以及审批程序进行了规定。电影放映经营许可证的审批机关为所在地县级人民政府电影主管部门。依法开办的电影院还应遵守以下规定：一是合理安排国产电影的放映场次和时段，并明确要求放映的时长不得低于年放映电影时长总和的三分之二，这是国产电影的特殊保护措施；二是必须保障电影放映质量，中国电影发行放映协会对电影质量进行监督；三是电影院需要确保其设施、设备符合电影放映技术的国家标准，中国电影发行放映协会还专门受理影院放映质量未达到数字放映技术标准要求,致使银幕亮度、放映还音系统等存在的放映质量问题;四是对电影票房的监督,主要是为了规范电影市场秩序,电影院必须按照国家有关规定安装计算机售票系统,中国电影发行放映协会也对票务系统的违规行为予以定期曝光,有制造虚假交易、虚报瞒报销售收入等行为的由主管单位责令改正,没收违法所得,情节严重的则要面临停业整顿乃至由原发证机关吊销许可证的处罚;五是电影院需要严格遵守治安、消防、公共场所卫生的具体规定,尤其要拒绝携带爆炸性、易燃性、放射性、毒害性、腐蚀性物品或者非法携带枪支、弹药、管制器具的人员进入电影院并立刻向有关部门报告。

(二)电影放映专门补贴的法律机制

《电影产业促进法》中规定的具有公益性电影放映补贴的情况主要分为四类:第一类是第二十七条明确要求县级以上人民政府将农村电影公益放映纳入农村公共文化服务体系建设的义务,并按照有关规定给予农村电影公益放映活动特定的补贴,这也是对2007年广电总局、发展改革委、财政部、文化部出台对《关于做好农村电影工作的意见》中推进农村电影体制机制改革、推广农村电影数字化放映、扶持农村电影公益性放映的进一步落实;第二类是第二十八条要求国务院教育、电影主管部门可以共同推荐有利于未成年人健康成长的电影,并可以采取措施支持接受义务教育的学生免费观看；第三类是鼓励为未成年人、老年人、残疾人、城镇低收入居民以及进城务工人员等观看电影提供便利，电影院和从事电影流动放映活动的可开展电影票价优惠活动，多建设具备不同条件的放映厅，尝试设立社区放映点，并可以由所在地人民政府对其发放奖励性补贴；第四类是将电影专项资金使用于资助影院建设和设备更新改造，因为这是国家文化事业基础投资的一部分，该补贴的主要依据是2015年财政部、国家新闻出版广电总局的《国家电影事业发展专项资金征收使用管理办法》第十六条的规定。

（三）打击电影院盗录传播的法律机制

《电影产业促进法》第七条对县级以上人民政府负责知识产权执法的部门赋予了保护与电影有关的知识产权并依法查处侵犯与电影有关的知识产权的行为采取措施的权力。长期以来，电影院放映电影时，在黑暗中的观众中也隐藏着个别伺机盗录院线电影后通过多种途径传播的侵权盗版违法犯罪活动。电影院盗录传播行为一方面损害了电影作品权利人的合法权益，另一方面也影响了电影市场秩序，危害电影产业的健康发展。根据国家版权局下发的《关于开展院线电影版权保护专项工作的通知》的精神和要求，近几年，国家多个部门联手打击春节档院线电影盗录传播等违法犯罪行为，集中行动主要围绕重点院线电影特别是纳入国家版权局重点作品版权保护预警名单的春节档院线电影。还有国家版权局下发《关于进一步加强互联网传播作品版权监管工作的意见》，于2022年首次公布了第一批和第二批重点作品版权保护预警名单，意见明确要求主要包括：一是直接提供内容的网络服务商未经许可不得提供版权保护预警名单内的作品；二是提供存储空间的网络服务商应禁止用户上传版权保护预警名单内的作品；三是相关网络服务商应当加快处理版权保护预警名单内作品权利人关于删除侵权内容或断开侵权链接的通知。打击电影院盗录传播行动强调部门联动配合的必要性，以期构建共同强化院线电影版权保护的社会共治体系。

第四节　电影产业支持与保障阶段运行的法律机制

一、电影产品开发和经营的法律机制

《电影产业促进法》第四章是"电影产业支持、保障"，而电影产业首先需要电影产品的填充，电影产品匮乏则无法形成电影产业。《"十四五"中国电影发展规划》的发展目标之一就是激发电影市场主体生机活力，在对国有企业和民营

企业分别提出发展定位的同时，提出要孵化"一批龙头企业和各具特色的中小微电影企业"。产业的目的就是通过生产和提供产品来实现盈利，这也是产业的根本特征。电影产业则是围绕电影为核心的产品的企业集结，因而电影企业的经营领域不能只局限于传统的电影制作、发行和放映范围中。电影发展到今天，在优秀电影作品的基础之上，除了电影票房的收入以外，电影产品的多样性开发、围绕电影作品核心内容的衍生产品运营将成为未来电影产业发展的蓝海。电影产品的延伸开发已成为电影市场发育成熟的不可或缺的版块。除了传统的电影衍生产品音像制品、玩具及其他文创产品外，还可考虑对衍生游戏的升级和电影主题公园的科技化提升。电影产品，尤其是电影衍生产品的未来发展也需要在内容创新力和科技提升力上找动力，一个成功的电影产品都是规划和经营出来的，而这些电影衍生产品的发展也反哺电影作品本身，会使得电影作品的生命力更持久、影响力更广泛。所有电影衍生产品的开发和经营都要在著作权法的框架内发展，所有电影产品的开发和经营也必须有著作权保护意识。《著作权法》第三条是一条核心条款，既是对作品的定义，即"文学、艺术和科学领域内具有独创性并能以一定形式表现的智力成果"，也对现有的作品形式进行了罗列，而该条第九项的规定"符合作品特征的其他智力成果"的开放性设置,实际上也为电影产品开发和运营的著作权保护开辟了容纳空间,尤其关于电影衍生产品的著作权和电影作品本身作为视听作品的著作权的关系将是未来需要重点关注的问题。

二、电影产业的税收优惠的法律机制

《电影产业促进法》第三十八条明确规定:"国家实施必要的税收优惠政策,促进电影产业发展……"2018年的《国务院办公厅关于进一步支持文化企业发展的规定》中也有具体规定:"对电影制片企业销售电影拷贝(含数字拷贝)、转让版权取得的收入,电影发行企业取得的电影发行收入,电影放映企业在农村的电影放映收入免征增值税……"2019年的《财政部、税务总局关于实施小微企业普惠性税收减免政策的通知》精神和具体规定也同样适用于电影小微企业。许多地方政府也对电影产业发展的税收优惠作出了因地制宜的安排。

三、电影产业土地利用总体规划的法律机制

《电影产业促进法》第三十九条明确规定:"县级以上地方人民政府应当依据人民群众需求和电影市场发展需要,将电影院建设和改造纳入国民经济和社会发展规划、土地利用总体规划和城乡规划等。县级以上地方人民政府应当按照国家有关规定,有效保障电影院用地需求,积极盘活现有电影

院用地资源,支持电影院建设和改造。"《"十四五"中国电影发展规划》也明确将"加快完善电影产业和公共服务体系"纳入建成电影强国的指导思想。对电影产业的土地规划不仅用于电影院建设,还用于电影产业园区建设。比如2022年6月8日海口国家高新区管委会发布关于《海口观澜湖旅游园区控制性详细规划电影文创组团局部用地控制性详细规划修改报告》就是为了政府在观澜湖旅游园区电影文创组团开发建设南洋往事大型沉浸式实景演出项目而对土地规划进行的调整。[1]

四、电影产业的金融支持的法律机制

(一) 电影产业融资的法律机制

《电影产业促进法》第四十条第一款明确规定:"国家鼓励金融机构为从事电影活动以及改善电影基础设施提供融资服务,依法开展与电影有关的知识产权质押融资业务,并通过信贷等方式支持电影产业发展。"2021年9月22日,由北京国际电影节组委会主办的第十一届北京国际电影节"中国电影投融资峰会"在北京举行,与会人员认为与影视文化产

---

[1] 《关于〈海口观澜湖旅游园区控制性详细规划电影文创组团局部用地控制性详细规划修改报告〉公示》,载海口国家高新技术产业开发区网站:http://gxq.haikou.gov.cn/xxgk/gsgg/202206/t928693.shtml,2023年4月20日访问。

业融合发展,参与文化强国建设是金融投资界的选择之一。该次"中国电影投融资峰会"通过分享电影产业在融资方面的成功经验,探讨电影与金融领域共赢发展的新思路和新方法。其中具有代表性的金融机构是北京银行。该银行长期在电影产业与金融创新融合的领域耕耘,其发布的"电影+"版权质押贷,以电影优质版权为核心、紧密围绕电影及电影延伸产业链的电影金融融合服务是一种全方位的创新服务方案。① 早在2006年,北京银行就致力打造电影行业的诸多创新融资模式,开以"版权"为核心质押物的电影打包贷款融资先河,最为引起电影市场关注的是其在2012年与博纳影业集团提供5亿元意向性授信,成为当时中国民营电影企业获得的最大单笔授信额度。北京银行还为多家知名院线提供一揽子金融服务。② 2022年第35届中国电影金鸡奖金鸡电影论坛上发布的《2022中国电影投融资报告》显示:"电影私募股权融资事件经历了从2012年的20起到2016年的89起的快速增长期,也出现了2018年以来的回缩。截至2022年10月,本年度电影私募股权融资事件共有37起,超过2021年同期的28起,也超过了2021年全年的36起。"该报告还指

---

① 《北京银行发布"电影+"版权质押贷》,载中国服务贸易指南网:http://tradeinservices.mofcom.gov.cn/article/difang/maoydt/202109/122140.html。
② 《北京银行倾情助力第十二届北京国际电影节》,载网易自媒体平台:https://m.163.com/dy/article/HEIODLF50518T6KM.html。

出:"在投资主体方面,2012年以来总计有648家机构参与了对425家电影企业的投资,5家投资机构投资事件超过10起,约占机构总数的10.5%。从投资主体的集中度上可以发现,相比其他私募股权市场,电影产业私募股权市场还有待进一步活跃,需要吸引更多金融机构进入。"

(二)电影产业保险的法律机制

《电影产业促进法》第四十条第二款明确规定:"国家鼓励保险机构依法开发适应电影产业发展需要的保险产品。"《保险法》第二条规定,保险"是指投保人根据合同约定,向保险人支付保险费,保险人对于合同约定的可能发生的事故因其发生所造成的财产损失承担赔偿保险金责任,或者当被保险人死亡、伤残、疾病或者达到合同约定的年龄、期限等条件时承担给付保险金责任的商业保险行为"。电影产业保险是分摊电影产业发展过程中意外事故损失的一种财务安排,也是保险公司依据保险合同补偿电影产业参与者损失的一种合同安排,其本质是在社会经济保障制度中对电影产业进行保护的重要组成部分。成熟的电影产业自然具有资源投入大、涉及环节多等特点,因此也具有广泛而深刻的风险保障需求。早在2010年,保监会和文化部联合下发的《关于保险业支持文化产业发展有关工作的通知》中就有鼓励保险机构积极推进包括电影产业在内的文化产业保险的创新发展,鼓励开发适合包括电影产业在内的文化产业需要的保险产品,还将中国人民财产保险股份有限公司、太平洋财产保险股份有限公司和中国出口信用保险公司作为试点企业。但目前我国电影保险起步时间不长,参与开发设计电影保险产品的公司数量和可投保险种总体比较少,保险范围也比较有限,常见的保险产品还是集中在演职人员意外与健康保险、设备道具等财产保险、剧组责任保险等方面。参照国际电影产业保险产品的发展经验,未来可以探索拓展的电影保险产品应该包括但不限于电影全产业保险、海外制作保险、制作超支保险、技术盗版保险、电影政策保险等。

(三)电影产业担保的法律机制

《电影产业促进法》第四十条第三款明确规定:"国家鼓励融资担保机构依法向电影产业提供融资担保,通过再担保、联合担保以及担保与保险相结合等方式分散风险。"《民法典》也在物权编中单独设立了第四分编"担保物权"。在法律的指引和规范下,中国电影产业担保模式的创新与探索一直没有停下脚步。2013年11月,北京市国有文化资产监督管理办公室指导设立了北京市最大的主营文化创意产业融资担保业务的北京市文化科技融资担保有限公司(以下简称文担公司)。该公司一直致力包括电影小微企业在内的担保融资产品设计及担保服务模式开发。2020年文担公司推出"租金保"产品,这是一种标准化小微担保产品,由文担公司为北京市文化创意产业园区、经北京市经济和信息化局认定的北京市小型、微型企业创新创业示范基地等其他优质载体内的小微企业租户提供银行贷款担保,专项用于小微企业租户缴纳园区房租及其他园区管理费。① 早在2014年举办的第17届上海国际电影节"完片担保——影视金融产品本土探索"论坛酝酿"完片担保"这一在国际上通行的运作模式在中国本土化运作与落地。2021年第24届上海国际电影节又举办"影视科技完片金融新基建——如何打造影视科技金融生态圈?"主题论坛,该论坛达成共同成立影视金融专业委员会的决定,其主要任务是搭建中国本土影视的"完片担保"模式。完片担保是一种对电影项目按照计划工期、预算与剧本完成的担保合同,保证电影项目的成品与制片人在融资合约中描述的是一致的。这种担保对于投资方来说可以对投资风险有一部分的保障,对于制片方来说可以增信。②

五、电影人才扶持和培养教育的法律机制

《电影产业促进法》第四十二条明确规定国家实施电影

---

① 《文担公司推出"租金保"产品》,载北京信用担保业协会网站:http://www.bjdbxh.org.cn/frontend/ywtj/yewutuijie/2020-03-14/2132.html。
② 《国内电影"完片担保"的路径思考》,载《中国电影报》2022年4月27日第16版。

人才扶持计划，支持各类教育机构、培训机构等开设与电影相关的专业和课程，鼓励从事电影企业和其他电影相关的社会组织参与电影人才培养。实际上这也是对《宪法》第十九条规定国家发展社会主义的教育事业并提高全国人民的科学文化水平的精神内涵和内容要求一致。人才是电影创作和生产的根本，也是提升电影质量的核心要素。一个产业需要的专业人才涉及方方面面，电影产业也不例外。电影的艺术性、技术性和商业性决定了电影人才应该具有复合性。我国有北京电影学院、中国电影教育研究中心等知名的专业电影教育与研究机构，还有中国电影家协会等提供电影行业指导和培训的组织，但仍需继续探索和创新电影人才扶持和培养的机制。如2022年举办的第十二届北京国际电影节"北京市场开幕仪式——首都电影人才之夜"为北京电影产业共建基地揭牌，同时发布了"首都电影人才金融扶植计划"。该计划整合政府、商协会、产业基金、创投机构等多方资源，为首都电影产业培育输送优质电影人才及项目，面向具有竞争优势、具备高成长性的电影人才，推出"信贷支持、资本助力、专家辅导、产业对接、人才服务、市场推广"六方面举措。[①]"首都电影人才金融扶植计划"这类具有创新性的机制探索，

---

① 《北京银行携手多方发布"首都电影人才金融扶植计划"并揭牌"北京电影产业共建基地"》，载《中华工商时报》2022年8月19日第7版。

也涉及电影法的方方面面，比如信贷支持和资本助力明显具有电影金融的本质，产业对接和市场推广又具备电影市场秩序与发展的规范性质。

第六章

电影相关的国内团体

第一节　电影相关的国内团体的法律界定

电影相关的国内团体主要包括人民团体和社会团体两类。人民团体，是指在中国共产党领导下的各基层人民群众代表按照各自特点组成的从事特定社会活动的组织群体。我国的人民团体包括中国文联所属的十个文艺家协会，其中与电影直接相关的是中国电影家协会（以下简称中国影协）。

我国的社会团体是指中国公民自愿组成，为实现会员共同意愿，按照其章程开展活动的非营利性社会组织。1998年9月25日国务院第8次常务会议通过《社会团体登记管理条例》，2016年对其进行了修订。《社会团体登记管理条例》第一条明确了该条例的目的是保障公民的结社自由，维护社会团体的合法权益，加强对社会团体的登记管理，促进社会主义物质文明、精神文明建设。实际上这也是对《宪法》第三十五条中关于公民有结社自由的贯彻与落实。

《电影产业促进法》第九条规定："电影行业组织依法制定行业自律规范，开展业务交流，加强职业道德教育，维护其成员的合法权益。演员、导演等电影从业人员应当坚持德艺双馨，遵守法律法规，尊重社会公德，恪守职业道德，加强自律，树立良好社会形象。"《广播影视节（展）及节目交流活动管理规定》第六条要求全国性广播影视社会团体、行业组织或广播影视科研、教学、研究机构举办国际性广播影视科研、学术交流活动的须报广电总局批准。第九条还要求社会团体、行业组织赴境外举办中国广播影视节（展）须符合国家外交和对我国港、澳、台工作的有关方针、政策，并且事先报国务院广播影视行政部门备案。与电影有关的社会团体尚不成熟，发展空间较大。

第二节　国内电影主要团体的基本情况

一、中国电影家协会

中国电影家协会成立于1949年，是中国共产党领导的、全国各民族电影家组成的专业性人民团体，是党和政府联系电影界的桥梁和纽带，是繁荣发展社会主义文艺事业、建设社会主义文化强国的重要力量。中国电影家协会是中国文学艺术界联合会的团体会员。[①] 中国影协成立起初名称为"中

[①] 中国电影家协会官网：http://www.cfa1949.org.cn/xbgyyx/xbyxgk/，2023年4月20日访问。

华全国电影艺术工作者协会",1957年改为"中国电影工作者联谊会",1960年又改为"中国电影工作者协会",1979年才改用现在的"中国电影家协会"。

根据《中国电影家协会章程》的规定,中国电影家协会的最高权力机构是中国电影家协会全国代表大会,全国代表大会选举产生理事会。理事会选举产生主席一人、副主席若干人组成主席团。主席团任命秘书长一人、副秘书长若干人。全国代表大会闭会期间,由理事会执行代表大会决议。理事会闭会期间,由主席团执行代表大会和理事会的决议。驻会副主席主持协会日常工作。中国电影家协会全国代表大会每五年召开一次。中国电影家协会对会员积极履行团结引导、联络协调、服务管理、自律维权的基本职能,组织开展权益保护等各项工作,同时促进电影创作、生产、发行、放映和专业人才交流,促进电影产业发展,依法维护会员和电影艺术家、电影工作者的合法权益。《中国电影家协会章程》明确协会的任务包括:"保障会员正当权利,保障会员从事创作、学术研究和国际交流活动的充分自由。对于诽谤、诬陷、打击会员、剥夺他们的劳动权利、劳动成果等违法行为,本会有责任为受害者辩护,直至依法向检察机关、司法机关提出申诉。"

中国电影家协会高度重视电影法的维护、普及和研究工作。2022年11月，中国电影家协会就吴某凡一案发声，要求电影工作者应自觉遵守法律法规和公序良俗。为了切实履行自律维权职能，不断提高电影工作者的法治素养、法律知识和维权意识，中国电影家协会于2022年12月举办年度权益保护培训班，研究电影法的专家学者和律师从不同角度授课，营造了电影界尊法、学法、守法、用法的良好氛围。

二、中国电影制片人协会

中国电影制片人协会成立于1989年，是中宣部领导的全国电影制片企、事业单位自愿联合组成并由国家广播电影电视总局主管领导的行业团体。该协会于1993年加入总部设在法国巴黎的国际制片人协会，自2006年起至今被选举为国际电影制片人协会副主席会员机构。

该协会的主要任务是：一是在全国电影制片行业宣传党的文艺方针、政策，贯彻执行国家相关法律、法规，传达贯彻落实政府有关发展电影事业、产业的规划、部署和措施。二是把握行业发展现状，凝聚行业总体实力，了解行业改革前进中的问题，商讨解决办法和措施，向党和政府反馈反映具体建议、意见和诉求。三是总结电影生产经验，研究电影产业规律，提高国产电影质量，扩大国产电影市场占有率，推动中国电影事业发展和产业化进程。四是通报行业信息，规范行业行为，实行行业自律。五是提升行业整体素质，进行制片行业各类专业的职业培训。六是维护行业利益，保护电影制片人的知识产权。七是加强产业交流，开展国际合作，参股中影海外推广有限公司，向海外推广国产影片。主要活动有由协会组织参加的法国"戛纳电影节"、美国"好莱坞（中国）电影节"、澳大利亚"亚太荧屏大奖"、"上海国际电影节"、"北京电影节"、"长春电影节"，组织在青岛举办的"国产电影交易会"，组织在巫山举办的"神女杯艺术电影周"等。八是为国产电影直接、快速、批量和整体进入市场服务。①

三、中国电影发行放映协会

1985 年成立的中国电影发行放映学会经国家广电总局和民政部批准，于 1995 年 9 月 26 日更名为中国电影发行放映协会。该协会是由从事电影制作、发行、放映、技术、营销、影视广告、文化传媒、电影公共文化服务，以及相关社会团体自愿结成的全国性的、非营利性的社会组织，接受中宣部的业务指导。该协会主要有六个分支机构，分别是电影发行

---

① 中国电影制片人协会官网：http：//www.chinafilms.net/html/gywm/aboutus.html，2023 年 4 月 6 日访问。

与城市院线分会、城市影院分会、电影技术分会、农村电影院线分会、少数民族语电影分会、电影广告分会。

《中国电影发行放映协会章程》明确的宗旨包括："通过行业协调、协商和行业监督，促进行业发展；充分发挥协会的桥梁和纽带作用，积极向政府有关部门反映行业、会员诉求，提出行业发展和政策法规相关意见和建议；充分发挥协会为会员服务功能，促进国内外电影行业交流；成为会员的服务之家。"其业务范围包括：一是依法维护会员单位的合法权益；二是宣传与电影发行放映有关的政策、法律、法规；三是根据授权开展行业统计和市场调查、研究；四是协调电影发行放映行业的关系，制定行规行约，加强行业自律，促进行业健康可持续发展；五是经政府有关部门批准，开展技术质量等级评定和影院星级评定工作；六是组织研究电影产业改革和发展方向，依照有关规定编辑、出版、发行有关资料、刊物、报告，建立信息平台，向政府提出建议，为行业提供咨询服务；七是开展电影发行放映行业的交流、研讨与合作，以及相关理论、学术研究工作；八是组织开展优秀国产影片的宣传推广，受政府委托承办或根据市场和行业发展需要，举办新技术推广、展览、展销；开展国际电影交流活动；九是开展行业培训工作，并受政府委托组织开展电影发行放映及相关业务的从业人员相关技术职称评定工作；

十是受政府有关部门委托或根据行业发展需要,组织开展少数民族语电影译制生产、发行、放映座谈研讨活动,开展少数民族地区电影市场调研,提供咨询服务;十一是组织开展农村公益电影放映、公共电影文化服务交流活动;十二是开展符合中国电影发行放映协会宗旨的其他活动。

值得注意的是,中国电影发行放映协会还定期对被举报严重违规的电影院进行情况通报。一是对电影票房的监督,主要是为了规范电影市场秩序,倡导诚信经营,受理影院经营过程中违规违约现象。二是对电影质量进行监督,主要是受理影院放映质量未达到数字放映技术标准要求,致使银幕亮度、放映还音系统等存在的放映质量问题。

四、中国电影著作权协会

2005年8月成立的中国电影版权保护协会经原国家广播电影电视总局同意并报原新闻出版总署(国家版权局)审核,于2009年7月由行业维权组织转变为著作权集体管理组织。2009年10月,中国电影版权保护协会经审批更名为中国电影著作权协会。2010年4月,召开成立大会暨第一届会员大会。该协会是中国合法从事电影创作、生产、经营的企业法人和个人自愿组成的非营利性社会团体,是中国电影作品权利人唯一的著作权集体管理组织。中国电影著作权协会的基本宗旨和主要任务是依据《著作权法》和《著作权集体管理条例》，经权利人授权，集中行使权利人的有关权利，并以自己的名义与使用者签订著作权许可使用合同，向使用者收取使用费，向权利人转付使用费，进行涉及著作权及与著作权有关的权利的诉讼、仲裁等，从而维护权利人的合法权益，推动中国电影产业的发展和繁荣。

《中国电影著作权协会章程》规定其开展的业务活动主要包括：一是为达到集体管理的目的而开展电影作品的登记、认证和相关信息收集工作；二是对该协会会员的电影作品著作权进行集体管理，维护其依法享有的著作权和与著作权相关的合法权利；三是制定、修改电影作品著作权使用费收取标准和电影作品著作权使用费转付办法；四是以会员的电影作品的使用而与使用者签订许可使用合同，发放许可证，并收取著作权使用费；五是以会员电影作品的使用而向权利人转付使用费；六是对侵犯本集体管理的电影作品著作权的行为而向著作权行政管理部门申请行政处罚，并可提起仲裁或法律诉讼；七是可以与国外的著作权集体管理机构签订相互代表协议，并报国务院著作权行政管理部门备案；八是开展电影作品著作权使用和保护的调查研究工作，了解国内外电影作品著作权使用和保护的发展动态，向国家立法机关和著作权行政管理机关提出著作权立法和著作权保护的建议；

九是增进电影作品著作权人和使用者对著作权保护的认识和尊重,为社会大众提供关于电影作品著作权的法律及其他方面的咨询服务;十是开展著作权保护和著作权集体管理方面的宣传、推广、培训和研讨活动,经政府有关部门批准,开展奖励、评比活动;十一是开展电影衍生产品著作权保护的衔接工作,协调电影行业与电影相关行业的联络和沟通;十二是开展著作权保护方面的国际交流与合作;十三是向提出申请的非会员电影作品权利人提供管理、维护方面的咨询服务;十四是建立电影作品著作权信息查询系统,供权利人和使用者查询。与其他电影相关的社会团体相比,中国电影著作权行业协会显然更为成熟和专业,在电影法中发挥的作用更具实操性。

五、中国编剧协会

中国编剧协会的会址在北京电影制片厂。中国编剧协会是中国各民族编剧自愿结合的专业性非营利性群众团体,是联系广大编剧、影视工作者的桥梁和纽带,是促进影视产业和电影市场发展的重要社会力量。中国编剧协会在电影法体系中发挥的作用主要体现在两方面:一是协调电影编剧与制片方之间的劳动权益关系;二是对编剧权进行著作权保护的重要组织。

六、中国电影导演协会

中国电影导演协会是中国电影导演自发组织起来的具有权威性的社会团体。该协会的宗旨是团结电影工作者,维护导演尊严,保障导演权益,沟通导演的经验,提高影视文化水平,促进国际及海峡两岸和香港地区之间的导演艺术交流。该协会是 1992 年 1 月在香港发起并筹备组建,1992 年年末经民政部批准正式注册成立,1993 年 1 月在上海召开成立大会。自 2004 年开始,中国电影导演协会设立年度奖,每年一届。

七、中国影视演员协会

中国影视演员协会成立于 2006 年,是由中国及海外影视界青、中、老年华人影视演员及影视爱好者共同组成发起,其协会章程确定其宗旨是"遵守宪法、法律、法规和国家政策",必须在法律规范的要求下进行工作,并致力打击电影表演行业的不公平竞争及违法违规行为,维护会员合法权益,保护艺人协会行业利益。

参考书目

1. 冯晓青：《著作权法》（第 2 版），法律出版社 2022 年版。

2. 陈俊荣、祖敏、王晓芳：《全媒体时代影视产品运营管理》，清华大学出版社 2022 年版。

3. 中共中央宣传部政策法规研究室：《电影法律法规文件汇编》，中国书籍出版社 2021 年版。

4. 高其才：《法理学》（第 4 版），清华大学出版社 2021 年版。

5. 刘承韪：《娱乐法导论》，中国政法大学出版社 2021 年版。

6. 宋海燕：《娱乐法》（第 2 版），商务印书馆 2020 年版。

7. 张骞：《国际文化产品贸易法律规制研究》，中国人民大学出版社 2013 年版。

8. ［英］菲利普·肯普：《电影通史》（第 2 版），王扬译，中国画报出版社 2020 年版。

图书在版编目(CIP)数据

中国电影法研究 / 栾姗著. —北京:中国法制出版社,2023.6
ISBN 978-7-5216-3581-2

Ⅰ.①中… Ⅱ.①栾… Ⅲ.①电影事业-文艺管理法-研究-中国 Ⅳ.①D922.164

中国国家版本馆CIP数据核字(2023)第093948号

责任编辑:李宏伟　　　　　　　　　　　　　封面设计:杨泽江

中国电影法研究
ZHONGGUO DIANYINGFA YANJIU

著者/栾姗
经销/新华书店
印刷/北京虎彩文化传播有限公司
开本/880毫米×1230毫米 32开　　　　印张/6　字数/90千
版次/2023年6月第1版　　　　　　　　　2023年6月第1次印刷

中国法制出版社出版
书号 ISBN 978-7-5216-3581-2　　　　　　定价:28.00元

北京市西城区西便门西里甲16号西便门办公区
邮政编码:100053　　　　　　　　　　　　传真:010-63141600
网址:http://www.zgfzs.com　　　　　　　编辑部电话:010-63141836
市场营销部电话:010-63141612　　　　　印务部电话:010-63141606

(如有印装质量问题,请与本社印务部联系。)